方言を伝える

3.11

東日本大震災被災地における取り組み

大野眞男・小林隆 編

JN153030

ひつじ書房

はじめに

東日本大震災の発生から四年が経過した。太平洋沿岸地域は地震に伴う大津波によって甚大な被害をこうむり、流された街や港に残る津波の爪痕はいまだに生なましい。被災した地域の方々の心の傷を思うと、一日も早く元の生活を回復していただきたいと願うばかりである。被災地のインフラ復旧はもちろんであるが、心の復興ということも重要な課題として認識されなければならないだろう。

平成二六年五月一七日に早稲田大学で日本語学会春季大会が開催された折りに、「被災地の方言を伝えるために―文化庁委託事業活動報告会―」を併催させていただいた。本書は、その際の青森・岩手・宮城・福島・茨城県域の活動報告内容を、その後の活動を補充してまとめ直したものである。[※1]

文化庁の一連の支援事業(平成二四年度「東日本大震災において危機的な状況が危惧される方言の実態に関する予備調査研究」、平成二五年度「東日本大震災において危機的な状況が危惧される方言の実態に関する調査研究事業」、平成二六年度「方言活性化支援事業」）は、復興庁「東日本大震災からの復興の基本方針」（平成二三年七月二九日）に「『地域のたから』である文化財や歴史資料の修理・修復を進めるとともに、伝統行事や方言の再興等を支援する。」と明記されていることを受けて、被災地域の方言や言語生活の保存・継承の取り組みや、方言の力を活用した復興の取り組みを支援することにより、被災地域の方言の再興及び地域コミュニティーの再生に寄与することを目的として行われてきた事業である。

方言の研究者が意識的・直接的に方言の活性化を支援することは、これまではあまりなかったことかもしれない。しかしながら、この事業に関わった研究者たちの多くは被災した県域に暮らす生活者でもあって（直接被災した方も含まれる）、いわば隣人として被災地に寄り添い、祈るような気持ちをもってこれらの事業に取り組んできた。

ことばの問題も含めて被災地域の文化の継承を支援する活動は、インフラや生活基盤の復旧事業のように直接的に目に見えるものではない。したがって、事業の目的が達成されたかどうかを明確な指標をもって評価することはなじまないだろう。何より、文化の継承支援ということを念頭に置けば、これからも地域との間に息の長い共生的な関係を、支援者として築いていけるかどうかが求められるだろう。本書は、そのような新たな旅の第一歩を報告するものに過ぎない。

事業の実施に際してお世話くださった関係各方面の皆様に感謝申し上げるとともに、被災地の一日も早い復興を祈る気持ちをこめて、本書を被災地の皆様にお捧げする。

平成二七年五月

大野眞男・小林　隆

注

1　平成二六年五月の報告会では、時間の制約のためにすべての活動内容を紹介することはできなかった。また、本書においても紙数の制約から同報告会での報告内容を中心に構成せざるを得なかった。事業の全体像及び詳細については、文化庁HPをご参照いただきたい。
http://www.bunka.go.jp/kokugo_nihongo/kokugo_sisaku/kikigengo/

目次

第一部　方言を伝えるために

第一章　方言の継承における研究者の役割

大野眞男

一　「方言を伝える」とは?

日本国内の地域方言は、一部の優勢方言を除いて確実に衰退の一途をたどりつつあり、かつてあれほど学校教員を悩ませた豊かな日本語の地域差も、テレビなどの電波メディアの影響で今や平準化されようとしている。そんな中で日本語研究者の多くは、消えゆく方言の貴重な歴史的価値をもっぱら記録保存する活動にいそしんできた。ちょうど生物学者が希少種の昆虫や植物を標本化する作業と同じように、諸方言を記述した論文や音声記録が作成され、それらに基づき日本語の歴史の科学的な再構築が行われてきたといえるだろう。

科学としての方言研究の進展の一方で、すでに記述された方言の中には、その話し手とともに永遠にこの世界から消え去ってしまったものも少なくない。言葉は常に変化し、また優勢な言語への交代の歴史を繰り返してきたのだから、ある程度は当然の趨勢だともいえるだろう。しかしながら、その言葉の話し手たちはその結末を望んでいたのだろうか。

もし自分たちの言葉が消滅することを望まなかった場合には、研究者は何をすることができるだろうか。東日本大震災の被災地は、社会経済的要因による緩やかな変化、すなわち過疎化など人口減に苦しみ続けた上に、地震という大規模自然災害により物理的に激甚な変動をこうむった。生活基盤を奪われ、場合によっては他地域への移住を余儀なくされた被災者のみなさんは、このまま自分たちの言葉を取りあげられることを望んでいるだろうか。方言で彩られた、かつての地域の生活の復活を、当然のこと望んでいないわけはないだろう。

従来、方言の継承保存が求められたときに、その活動に研究者が積極的に関わることは必ずしも多いとはいえなかった。[※1] 生物の乾燥標本ではなく、生きた蝶が花に舞う生態系そのものを保存・再生する活動が求められているように、方言が地域の言語生活の中で居場所を失わないようにする活動に対して、言葉の多様性に強く惹きつけられてきた方言研究者は本来的に無関心ではいられないはずである。

方言を伝える活動に際して、誰が主体となるかについても確認しておく必要があるだろう。消滅の危機にさらされた方言を記述する際の主体はもちろん言語研究者であった。一方で、方言を次世代に継承する活動を行う場合には、伝え手はあくまでもその方言を用いる地域社会の構成員であって、研究者はその支援者の立場に立つに過ぎない。また、継承の必要性を判断するのも地域社会の構成員であり、いかに歴史的に希少な方言であっても、場合によっては継承しないことを選択することもありうるだろう。しかしながら、方言の話し手たちが継承することを選んだ場合に可能な支援の在り方について、研究者はある程度の方法論を用意しておかなくてはならない。

二　方言を伝えるためのプログラム

世界の少数言語が一週間に一つずつ消滅していく状況の中で、言語学者たちがその次世代継承または再興に向けた取り組みを開始していることはよく知られている。※2 経済がグローバル化する一方で、価値観・世界観の多様性を維持することへの積極的評価、地域の持続可能性の保持の必要性などが背景にあるだろう。日本国内において方言を次世代に伝える取り組みを体系的にデザインする場合にも、彼らの手法は視野に入れておいた方がよい。なぜならば、「言語」か「方言」かは、純粋に言語学的定義ではなく、かなりの程度まで社会政治的な条件によって定義せざるを得ない区別に過ぎないからである。

そのような先行研究の一つであるGrenoble and Whaley（2006）を例にあげると、危機状況におかれた言語の一般的な継承・再興プログラムについて以下のように呈示している。

①対象言語の体力 vitality の評価
②対象言語の社会的変異の評価
③関連する社会的資源の評価
④再興目標の決定
⑤再興阻害要因と克服策
⑥リテラシー（読み書き能力）
⑦学校教育への適応
⑧プログラム全体の評価

①〜③は対象となる方言やコミュニティーが置かれた現状確認であり、取り組みに先立って行われるべき危機状況の判断である。④〜⑦は継承・再興計画の本体に当たる。日本語の場合は、学校教育を通じて国語を表記する文字が与えられており、諸方言音声についてもかなりの程度まで一般的な国語表記に依存可能な条件にあるため、もちろん例外的な方言はあろうが、⑥はことさら考慮に入れる必要がないだろう。⑧については、プログラ

ムを次のサイクルへとまわしていくためのチェックの段階である。つまり、まず行うことは危機状況の判断であり、それを踏まえて、次世代に向けた継承・再興方策を決定し、実行するという流れである。

①対象言語の体力の評価については、ユネスコから総合的な判定尺度(UNESCO 2003)が呈示されている。そこでは次世代への継承可能性がさらに細分化して設定され、その言語の次世代への伝承状況、母語話者数、コミュニティー全体に占める話者の割合、その言語が使用される場面に関する状況、国の言語政策、その言語に対するコミュニティー内部の態度、教育に利用可能な言語資料の状況等から成る項目がたてられ、それらを総合して危機的状況の判定が行われる仕組みになっている。これを適応した方言の危機的状況の判定が、日本においても国立国語研究所によって喜界・与那国・多良間・甑の南島諸方言を対象としてすでに行われており、「間違いなく危機にさらされている」もしくは「深刻な危機にさらされている」という評価が与えられている(木部暢子ほか二〇一一)。

三　東日本大震災と方言の危機的状況の判断

中央集権的な価値観によって国づくりが進められてきた近代日本の地方社会においては、

すでに社会経済的な要因によって緩やかに地域コミュニティーが蝕まれつつあり、具体的には都市部への人口流出による過疎化現象に悩まされ続けてきた。東日本大震災は、この状況に追い打ちをかけるようにして、物理的に甚大な物的・人的喪失を一瞬にしてもたらしたと言えよう。街が流され、地域の産業拠点としての水産加工等の施設の多くも失われた。それでも、少しずつではあるが生活再建の道のりを歩みはじめている。

大震災と津波の被災地である岩手県沿岸部方言におけるケーススタディーとして、大野（二〇一三）がユネスコ尺度を参照して危機的状況の判定を試みているが、やはり南島と同様に「間違いなく危機にさらされている」もしくは「深刻な危機にさらされている」という状況であった。詳細は大野（二〇一三）に譲り、その概要のみを示すと以下のとおりである。

次世代への継承状況については、地域の子どもたちは方言をあまり使用しておらず、活躍層に当たる親の世代でもセミネイティブの状態であり、高年齢層のようには使用していない。方言話者数についていえば、岩手県の人口は一九八〇年代以降減少傾向にあり、近年では毎年一万人規模で減少が続いていて、特に沿岸部地域においてこの傾向が顕著である。震災と津波は、被災地の過疎化傾向に劇的に拍車をかける事態となっている。また、四十歳未満の若い世代の絶対人口がきわめて少ないこと、震災以降は若い世代の人口流出が続いていること等を考えあわせると、この状況は将来に向けて安定的な人口動態とは言いがたい。

方言が話される社会的場面に関して最も注目しなければならないことは、標準語・共通語は公（よそゆき）の言葉で、方言は私（家庭）の言葉、という戦後の棲み分けの図式が大きく崩れ始めているということである。聞き取りの結果として、高年層の人たちは家庭内で孫世代に対して方言を使用することを自己抑制している姿が浮かび上がってきた。核家族化や婚姻圏の拡大などの家族構成の変化も大きな要因であろう。また、昭和三〇年代以降、テレビなどの全国メディアの影響により、家庭の中心である茶の間から全国共通語化が浸潤していった影響が大きい。昔の標準語は学校という限定された場所を通じて広がったが、現在では家庭の中心に置かれたテレビから都会の言葉が垂れ流され続けている。

学校教育現場で方言を積極的に評価するという観点は、岩手に限らず全国的にも極めて珍しい。総合的な学習の一環としての地域学習の中で触れられる程度であろう。国の言語政策を反映した国語科学習指導要領においては、小学校中学年に「共通語と方言とでは違いがあることを理解し、また、必要な場合には共通語を話すようにすること。」とあり、かつてのように方言を排除するものではないにしても、積極的に方言に関する保護や使用奨励が意図されているわけではない。

方言に対する心的態度について言えば、高年層は地域方言に強い愛着を訴えるものの、「方言は悪い言葉」という戦前の国語教育の刷り込みが決定的に作用していて、次世代への継承に肯定的な意識を持てない状況が続いており、孫たちの前で方言を使うことを自己抑制してしまっている。戦前・戦後を通じた学校教育において、方言の価値が徹底的に否定されてきた結果であろう。

その一方で、被災直後から「がんばっぺし釜石」「けっぱれ山田」「なじょにかすっぺし陸前高田」のような方言メッセージが被災地で自然発生的に現れてきたことは、標準語・共通語では語り尽くせない言葉の機能が方言にあることに、地域コミュニティーは気付いていることを示している。

教育に利用可能な言語資料という観点からみると、岩手県域は豊かな方言関連文献に恵まれた地域ということができよう。震災後においてさえも、宮古市方言集である坂口忠『ことばのおくら』（二〇一二）が、そして田野畑村方言集である牧原登『大芦のことばとその周辺』（二〇一四）が、被災をはねかえすように私家版の大冊として刊行されており、郷土の言葉に対する強い愛着を感じ取ることができる。ただし、これらの資料がただちに教育に利用可能かというと、そうではない。学校教育であれ社会教育であれ、ただちに教育の場で使用する学習材として使用することは意図されてはいないだろう。

このような状況は岩手県沿岸部方言に固有のものではなく、震災と津波に大きく傷つけられたほとんどの被災地に当てはまることであり、被災地の方言はまさしく危機に瀕しているのである。また、単に言葉の問題としてのみ考えるではなく、地域が大切に培ってきた伝統的な暮らしや文化全般の問題に拡大して受けとめなければならない。今、国の課題として地方再生が論じられる中で、地域の言語生活についても、地方社会の持続可能性を象徴的に反映した問題としてあらためて位置づけ直す必要があるだろう。

なお、Grenoble and Whaley（2006）の再興プログラムでいう、②対象言語の社会的変異の評価については、地域方言の中でも規範とすべき方言を定めるべきとする議論であるが、被災地での方言復興ではまだそのことを議論できる段階には達していない。③関連する社会的資源の評価、具体的には再興に投入できる人材・資金のことであるが、やはりまだその段階には達していないのである。当然、インフラ再建が優先されるべきであるが、いずれ心の復興を考える段階に来たときには組織的な検討が求められる。

四　「伝える」ことを阻害する要因について

近代・現代の歴史を通じて、方言は消滅すべきものという積極的否定論、あるいは消滅しても仕方ないものという消極的悲観論が主流を占めており、衰退していく方言の再興に向けた取り組みが研究者によって行われたことは、一部の例外を除いて無かったといえよう。地域の高年層が方言に強い愛着を示すものの、次世代に伝えようとはしないのは、方言は消え去る運命という諦めの気持ちが強く作用した結果である。単なる過去への郷愁を越えて、地域社会で機能する現在の言葉として方言を次世代に伝える活動は未だ模索段階にあり、地域の言語生活の在り方に関する理念の見直しを必要とする。

次世代への継承が困難な状況の中で④再興目標の設定を検討する際には、⑤再興阻害要因と克服策や⑦学校教育への適応等についても併せて検討することが必要となってくる。次世代継承の阻害要因のうちで最も決定的に作用しているものは、若い世代の他地域への人口流出（過疎化）問題であろう。しかし、これについては、研究者が直接支援して食い止めることができない課題であり、生活基盤の早急な回復を国や地方の行政に強く期待していくしかない。

研究者としてはもちろん、一般の市民の立場でも関わることができる阻害要因の排除策としては、言語使用の社会的場面の確保という課題をあげることができる。かつては専ら方言が使用される場面であったはずの家庭内において、テレビの影響を排除することはできないまでも、限定的なものにすることは可能だ。テレビをつけっぱなしにすることをやめ、家族の言葉によるコミュニケーションの時間を回復させるだけでよいのだ。

地域においても、伝統的な祭りなどの地域行事が重要なのは言うまでもないが、祭りはあくまでも非日常の世界であって、恒常的に世代間にわたって地域方言が使用される場面を工夫しなければならないだろう。また、そのような場面が存在しないのであれば、新たに創りだすことも視野に入れ、子ども達が地域方言を耳にして育つ環境を用意する必要があるだろう。そうしなければ、地域方言に触れるチャンネルが喪失してしまうことになる。地域から方言が消えてしまうことを願わないのであれば、方言に対するポジティブ・アクションをとる段階に来ていると思われる。

そのような意味では、方言に対する心的態度についても変革が求められるだろう。明治期以降の日本の近代化が、中央集権的な政治経済的体制のもとに進められ、標準化を柱に据えた国語政策は地域方言に対するネガティブな評価を醸成してきた。一般的に西日本では地域方言に対する否定的態度はさほど顕著に見られないが、東北地方では過去の苛烈な標準語教育の後遺症がいまだに尾を引いているようだ。しかし、標準語・共通語では果たすことのできない役割を方言が担っていることは、戦前期の柳田国男をはじめとする民俗研究の世界で、あるいは昭和初期に全国的に展開された郷土教育運動などにおいて古くから指摘されてきたことである。

地域固有のトピックを語るときには地域語が最も雄弁であるということは当然である。古くから伝わる伝説や昔話などの口伝えによる伝承についても、共通語による文字転写では方言の世界で培われてきた「語り口」が失われてしまい、いわば風土から切り離された話型の乾燥標本のようなものにしかならない。また、各地の性向語彙からもうかがわれるように、方言語彙は地域固有の価値観を表明する窓口機能を担っていることも忘れてはならないだろう。※3

さらには、被災直後に自然発生的に現れた「がんばっぺし」のような方言スローガンも、自分たちの言葉で表現することで、自らの再興への意志を再確認しようとする行為であった。このような復興に向けた方言メッセージがどのような機能・役割を果たしたかについては東北大学方言研究センター(二〇一二)に詳細な報告検討が行われている。

戦後の学習指導要領においては、方言は積極的に保護も奨励もされていないが、「必要な場合には共通語を話すようにする」一方で、日常的なコミュニケーション能力の育成等に関連して、地域語の持つ上記のような機能にも注目するような柔軟で多元的な価値観が学校教育に導入されてもよいのではないだろうか。とくに、若い人材が地域から流出する傾向にある現状において、あるいは、地域から離れざるを得ないにしても、生まれ育った地域の文化を生涯忘れないためには、教育の中で地域の言葉を大切にすることが求められるのではないだろうか。

五　次世代に「伝える」ために

地域の高年層が郷愁の対象として方言に愛着するだけでは、方言を次世代に伝えることはできない。具体的な目標を備えた継承行動が必要になってくる。先に例示したGrenoble and Whaley（2006）は、言語再興の目標尺度について難易度順に以下のように呈示している。

・すべてのコミュニティー構成員が、すべての社会的場面において、話し言葉においても書き言葉においても地域語に習熟する。
・すべての構成員が、すべての社会的場面において、話し言葉の地域語に習熟する。
・一部の構成員が、多くの社会的場面において、話し言葉・書き言葉の両面で地域語に習熟する。
・一部のあるいは大抵の構成員が、限定された社会的場面において、地域語に習熟する。
・一部の構成員が、一部のトピックに関して、地域語を使いこなす(伝統的な文化、昔話、歌謡、宗教などの社会的場面に限定された地域語の使用)。

・地域語が機能しない（地域語は成句や暗記テキストに限定して使用されているに過ぎない）。

もちろん、上記の各段階の間には無段階に様々な目標が設定しうる。また、日本語の場合には、方言独自の文字表記を持つ必要があまりないので、あくまでも話し言葉の問題として目標を設定すればよい。併せて、方言と共通語の併用が現実的であるため、「一部のあるいは大抵の構成員が、限定された場面において、地域語に習熟する。」、ないしは「一部の構成員が、一部のトピックに関して、地域語を使いこなす（伝統的な文化、昔話、歌謡、宗教などの場面に限定された地域語の使用）。」といった状況を次世代まで維持あるいは再興することが当面の目標になるだろう。

達成不能な理想を求めることよりも、達成可能な現実的目標に焦点をしぼってプログラムをデザインすることが重要である。当然、プログラムの進展に応じて、プログラム自体も柔軟に変容し続けなければならない。学習指導要領に「必要に応じて共通語を使えるようにする。」とあることを踏まえると、「必要に応じて地域方言もある程度は使えるようにする。」ということになるだろう。

しかしながら、方言の使用能力を使用場面から切り離して継承することは不可能であり、具体的な言語活動を通して方言に触れる場面を恒常的に提供しなければならない。地域の言語生活の中で、方言を使用する場面を維持すること、あるいは創出することが、次世代に引き継ぐためには最も重要である。上記の目標においても例示されている伝統的な文化、昔話、歌謡など、方言を用いなければ継承されない地域の言語伝承が存在するのであれば、これを活用するのが早道であろう。民謡の宝庫である奄美では、子ども達を対象として地域をあげた島唄の伝承活動が行われているという。また、震災で傷ついた岩手の地では、地域方言による昔話の語りが現代においても引き継がれている。そのような伝承の場面が存在しなければ、子ども達が関心を持つような新しいメディアも視野に入れて場面を創出することも必要だろう。

全般的に言えば、従来的な記録保存から次世代への継承保存へと研究者の姿勢をシフトさせていくことが求められる。これまで行われてきた学術的な記述研究の価値が決して損ぜられることはないが、それに加えて一般市民による継承に向けた取り組みにも支援者として参加することが求められるのではないか。その際に、以下の取り組みが方言研究者として可能になってくる。

○方言を記録する。

方言の記録活動には当然これまでも取り組んできたが、主として方言集や俚言集、あるいは構造主義的手法による音声・文法・語彙などを分析した論文が主体であった。

これらに加えて、方言が使用されている具体的場面に関する音声や映像を、学術的概念の障壁に遮られることなく一般市民が直接触れることのできるようなマルチメディア資料の作成・提供が求められるだろう。

○方言を伝える学習材を作成する。

上記の記録も広くとらえれば学習材であるが、より一歩踏み込んで一般市民が地域の言葉を主体的に学ぶためには、そのための学習材の整備が必要である。方言研究者は対象地域の先行研究を包括的に把握しており、学術の立場を離れて地域資産としてこれらを活用する道も拓かなければならないだろう。

○方言を伝えるための場を設定する。

実際に方言に触れる（話す・聞く）場面を確保することが、記述保存で終わらせないためには最も重要であり、これについては地域の事情に応じた柔軟な方策が考えられるだろう。方言の使用チャンネルが細々とでも残されているのなら、それを維持し、拡大させていくことが必要である。なければ、創出することも可能である。もし共同体が方言を含めた地域文化に対して十分肯定的とは言えない意識・態度から脱却できない状況があるのであれば、方言を通じたエンパワーメント（自律する力を引き出すように支援する）の機会の設定にも研究者が関わることが期待されているのではないだろうか。

ムニ　バッシッタ　シマ　バッシルン
シマ　バッシッタ　ウヤ　バッシルン
（言葉を忘れたら、故郷を忘れる。
故郷を忘れたら、親を忘れる。）
――竹富島のことわざ

注

1　例外的な取り組みとして山浦玄嗣氏の一連の「ケセン語」（山浦氏による岩手県大船渡市周辺地域方言の呼称）の活動があげられる。『ケセン語入門』（一九八六）、『ケセン語大辞典』（二〇〇〇）などの文典・辞書作成以外に、ケセン文字によるリテラシー整備、詩集『ケセンの詩』（一九八八）、『みんなのケセン語』（一九九二）による普及活動、『ケセン語訳新約聖書』（二〇〇二～二〇〇四）などのテキスト群の作成、市民参加によるケセン語劇活動など、広範囲にわたる地域語再興の取り組みを実践している。

2　九〇年代以降のJ．フィッシュマンをはじめとする一連の少数言語の保護と復活に関する研究については、大野（二〇一四）に書誌をあげておいた。

3　ハインリッヒ・松尾（二〇一〇）は地域語の社会的機能について、地域文化についてのコミュニケーションや地域文化に基づく知識を語る役割、社会や文化の状況を改善するために地域意識を高めていくための手段としての役割、社会参与やエンパワーメントの推進を象徴する役割、グローバル化時代の中で国民の概念を変えて国内の多様性を肯定する役割の四点をあげている。本章では、最後のものを除けば方言の社会的機能としても適応できると考えている。

参考文献

大野眞男（二〇一三）「岩手県被災地方言の現状について—危機言語尺度の観点から—」『文化庁委託事業報告書　東日本大震災において危機的状況が危惧される方言の実態に関する調査研究（岩手県）』岩手大学教育学部日本語学研究室 [http://www.bunka.go.jp/kokugo_nihongo/kokugo_sisaku/kikigengo/pdf/iwate_01.pdf]

大野眞男（二〇一四）「被災地で言語研究者のできること—研究の対象から共に生きる関係へ—」『多文化・共生コミュニケーション論叢9』フェリス女学院大学多文化・共生コミュニケーション学会

木部暢子・山田真寛・下地賀代子（二〇一一）「危機の度合いの判定」『文化庁委託事業　危機的な状況にある言語・方言の実態に関する調査研究事業報告書』国立国語研究所

東北大学方言研究センター（二〇一二）『方言を救う、方言で救う—3.11被災地からの提言—』ひつじ書房

パトリック・ハインリッヒ&松尾慎（二〇一〇）「東アジアにおける危機言語とその研究」『東アジアにおける言語復興—中国・台湾・沖縄を焦点に—』三元社

Grenoble, Lenore A. and Lindsay J. Whaley（2006）*Saving Languages: An introduction to language revitalization*. Cambridge: Cambridge University Press.

UNESCO Ad Hoc Expert Group on Endangered Languages（2003）Language Vitality and Endangerment. Document submitted to the International Expert Meeting on UNESCO Programme Safeguarding of Endangered Languages. [http://www.unesco.org/culture/ich/doc/src/00120-EN.pdf]

第二章　地域の人々の方言に寄せる思い
―福島県被災地方言の継承に向けた取り組み―

半沢　康・小林初夫

一　方言意識をとらえる

ここでは福島県内外において避難生活を送っておられる方々の方言意識についての調査とインタビューの結果を報告する。

東日本大震災にともなう地震、津波および原子力災害は、福島県内の多くの地域コミュニティの存立を危うくし、もともと進行していた方言衰退をさらに加速させかねない。われわれはこうした状況を踏まえ、県内外の関係者とともに福島県方言の保存、継承に向けてさまざまな活動を行ってきたが[※1]、そのうちのひとつとして避難生活を送っておられる方々の方言意識を把握する活動を行った。地域の方言に対する人々の評価、態度や震災以降の方言使用実態等を把握することは、被災地方言を保存、継承するための基礎的な資料として不可欠のものと考えられるからである。

以下、まず二節において県外避難をされた方々を対象に行った意識調査の結果を紹介する。さらに三節には福島県内外で避難生活を送られている方々を対象としたインタビューを掲載し、アンケート調査では捉えきれない被災地域の方々それぞれの具体的な方言への思いを紹介する。二節は半沢が、三節は小林がそれぞれ担当した。

二　県外の借り上げ住宅等で生活されている方々に対する調査結果

調査は二〇一三年一月から二月にかけて実施した。大分県被災者受入対策室および福祉保健部地域福祉推進室の全面的なバックアップを受け、大分県内へ避難されている方々（調査票配布時点で一八三名）へ自記式調査票を送付し二六名の方から回答をいただいた。

ここでは福島県内出身者二二名の方の回答について集計結果を提示する。

避難生活の中で方言に関してなんらかの問題が生じたという回答が少数ながら見られた（表一）。具体的には以下のような事例が回答されている。

・自分はなるべく標準語を使うようにすることが大変でした。　・会社で（福島方言を）

他の人にまねされたことがある。　・知らない人に話がしづらい。　・数字が間違って伝わる(一が七と聞こえてしまう)。　・ふつうに話したことが通じない。馬鹿にされた。

他県への避難によって福島方言の使用自体が減少した人の半数がそうした状況をストレスと感じている(表二)。

方言を用いたスローガン、エール等に対しては好意的な意見が多い(表三)。その他の回答として

・懐かしさ　・福島へ帰りたくなる　・福島の方言を聞くと東北のことを思い出す。今がどうなっているのか気になる時がある。

との声があり、方言を通じて望郷の思いを感じている方がいらっしゃる。その一方で

・なんとなく恥ずかしい

との声も聞かれた。

福島方言そのものへの態度も概して好意的である(表四)。若い世代に方言を継承して欲しいとの声も多い(表五)。調査法が異なるため単純な比較はできないが、仮設住宅等で県内避難の方々にうかがった場合に比して方言継承を望む声が多い。あるいはふるさとを離れ、方言の異なる地域で生活を送っておられることがこうした継承を希望する態度に影響

表 1

A01.　避難生活の中で、言葉や方言のことでなにか困ったり、嫌な思いをしたりといったことはありませんでしたか。			
	度数	有効%	累積%
あった	4	18	18
なかった	18	82	100
合計	22	100	

表 2

A02-2.（A02-1 または A02-2 で「01. 減った」という方にうかがいます）そのような状況についてどのようにお感じでしょうか。あてはまるものにいくつでも○をつけてください。		
	度数	有効%
さびしい思いがする	3	30
ストレスを感じている	5	50
残念な気がする	4	40
よいことだと思う	1	10
特に感じない	3	30
その他	1	10
合計	10	

表 3

B01.　震災後、「負けねど！飯舘」「がんばっぺ　いわき」などのように福島県内各地の方言を使ったかけ声が聞かれました。こうした方言によるかけ声についてはどのようにお感じになりますか。あてはまるものにいくつでも◯をつけてください。		
	度数	有効%
親しみがもてる	14	64
励まされる	8	36
馬鹿にされた気がした	0	0
特に感じない	5	23
その他	5	23
合計	22	

表 4

C01.　福島の方言に愛着を感じますか。			
	度数	有効%	累積%
愛着を感じる	20	100	100
愛着を感じない	0	0	0
どちらともいえない	0	0	0
合計	20	100	

表 5

C03.　ご自分の子どもさんやお孫さんに、福島の方言を受け継いでいってほしいと思いますか。			
	度数	有効%	累積%
受け継いでほしい	14	78	78
受け継いでほしいとは思わない	0	0	78
どちらともいえない	4	22	100
合計	18	100	

していると も考えられようか。

三　相馬・双葉地方から避難された方々へのインタビュー

二〇一一年三月一一日に発生した東日本大震災により、福島県の相馬・双葉地方は地震と津波で大きな被害を受け、さらに東京電力福島第一原子力発電所の事故により、多くの住民が避難を余儀なくされた。これまで平穏に暮らしていた人々が突然の避難指示により、着の身着のままで県内外に散らばってしまったのである。地域住民の散らばりにより、これまで自然に飛び交っていた方言も散ってしまった。これから相馬・双葉地方の方言はどうなってしまうのだろう。避難された方々は慣れない土地で、どのような言語生活を送っているのだろう。好きな方言や方言に対する思いなどを直接聞いて記録しておきたい。そう思っていたところにタイミングよく、福島民友新聞社から「被災地の方言について特集したいのですが」という企画の相談を受けた。そこで決まったのが、避難された方々へのインタビューである。相馬地方は新地町、相馬市、南相馬市、飯舘村の四市町村から成り、双葉地方は浪江町、双葉町、大熊町、葛尾村、川内村、富岡町、楢葉町、広野町の八町村から成っている。この一二市町村の方々の元を訪問して、一二人の方々から直接お

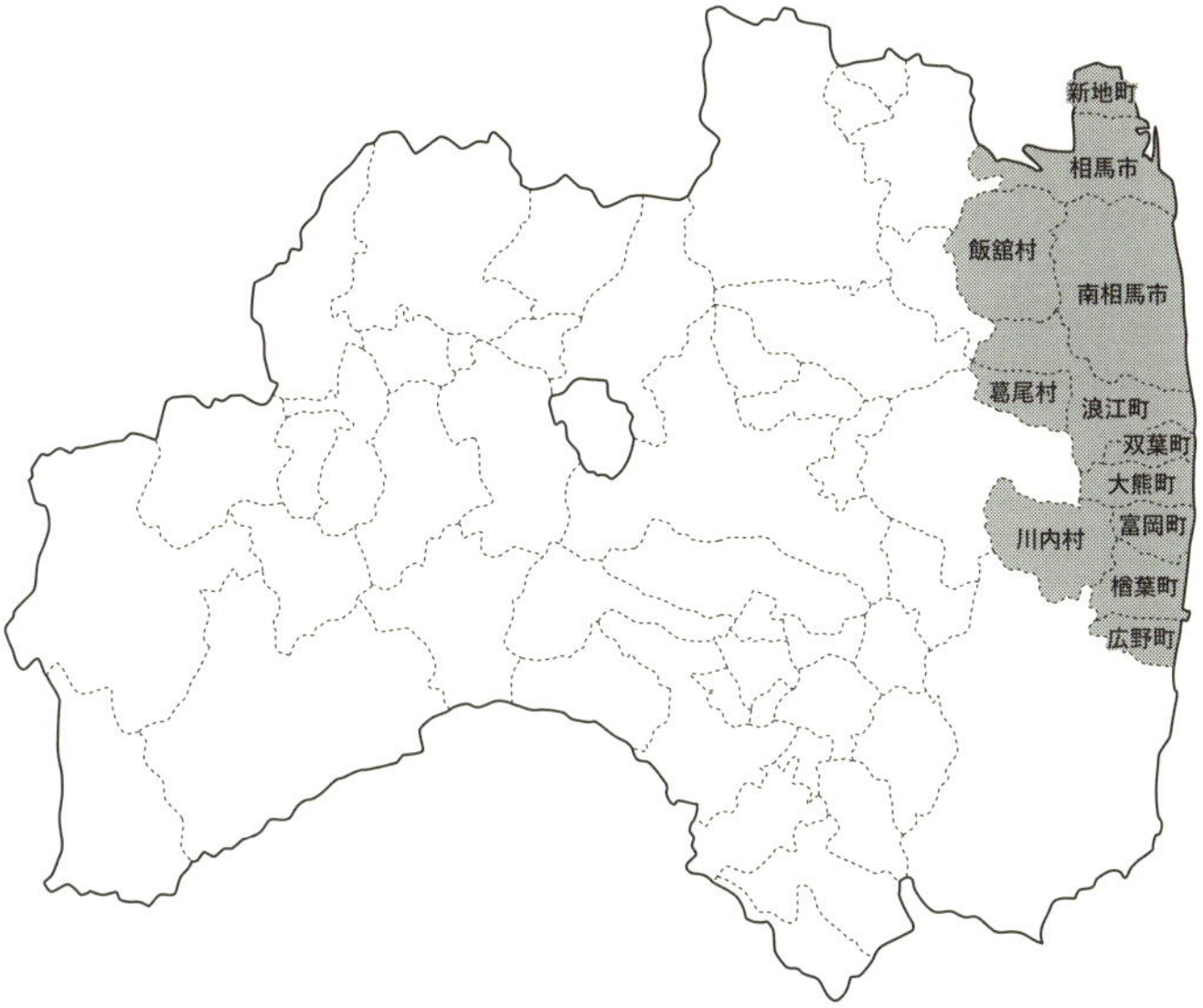

図１　福島県相馬・双葉地方

話をうかがうことができた。全員に共通していたことが二つある。ひとつは話すときの表情である。震災発生時のことや、避難したときの状況を話すときには寂しい表情だが、方言の話題になると笑顔になり、明るい表情に変わるのである。もうひとつは方言に対する思いである。これまでは「いつも呼吸している空気のようなもの」と特に意識せずに使っていた方言も、避難によりふるさとを離れたことで愛着がさらに強くなり、自分の家があるふるさとに帰りたいという気持ちとともに、方言を大切にしたい、いつまでも後世に残したいという強い思いが感じられるのである。避難者へのインタビューは、震災の記録であり、被災地の方言の将来を考えるための貴重な資料にもなるだろう。これからもインタビューと記録を続けていきたい。

なお、このインタビューは、二〇一三年三月から二〇一四年二月にかけて、インタビューの避難先である仮設住宅や借り上げ住宅を訪問して行い、二〇一三年四月から二〇一四年三月まで毎月第一日曜日に「ふるさとの言葉～相馬双葉の方言から～」と題して福島民友新聞に連載したものである。紙幅の都合上、ここでは方言に関係のない部分は省略した。インタビューイーの年齢と避難先はインタビュー当時のものである。

以下、――は小林の発話を示す。基本的には一般的な漢字仮名交じりにて表記し、特に方言の音声特徴等は反映させないが、有声化についてのみ一部実際の発音にしたがって表記した場合がある。文中、俚言形については片仮名で示し（　）で共通語訳を付した。

浪江町　日下トシイさん（六七）　福島市笹谷に避難

――三・一一の地震のときは。

同級生のお通夜に行くため美容院で支度をしていたときに地震が来ました。娘に津波が来るからと言われ、上ノ原総合グラウンドに逃げ、浪江中学校の体育館に泊まりました。翌朝、原発事故の知らせがあり、津島へ行くように指示され、津島中学校で三泊してから、会津総合体育館に約一カ月、猪苗代のホテルに約二カ月。そして、現在の笹谷東部仮設住宅に来ました。仮設は狭いので娘夫婦と孫は別な借り上げ住宅に住んでいます。

――普段の会話で方言はよく使っていますか。

方言も共通語もあまり意識しないで話しているので、両方混ざった言葉だと思います。ここの仮設には浪江の人たちが多いので、みなさんとも今までと同じ地元の言葉で話しています。自分では共通語だと思っている方言もあるかもしれません。普通に話しているつもりだったのですが、東京にいる孫から「何言ってるか、わかんない」「おもしろい」と笑われたことがあります。

――そのとき、どうしましたか。

日下トシイさん

方言の意味を教えました。孫には方言を覚えてほしいので、学校で方言の授業や方言を学習する資料か何かがあればいいと思います。

――お孫さんの母親である東京の娘さんは方言をどう思っているのでしょう。

気にしていないようです。東京に行って電車に乗ったとき、「電車の中でも、言葉を気にすることないよ」

と娘に言われ、ほっとしました。

――そういう娘さんなら、お孫さんの方言学習もスムーズにできそうですね。方言で困ったことや忘れられない出来事はありましたか。

主人が宮城県丸森町出身なので、結婚当初は実家に行くと聞いていてもわからない会話がありました。今はわかりますが。また、電車の中で空いている席にすわろうとしたとき、その横にすわっていたおばあさんに「スワンナ」と言われ、立っていたことがあります。あとで、すわりなさいという意味だったことに気づき、申し訳なく思いました。

――日下さんの一番好きな方言は。

メンゴイです。赤ちゃんの顔や子供のしぐさは、とてもかわいらしくて、思わず「メンゴイなあ」と言葉が出ます。本当にかわいくてたまらないという感じです。

――日下さんにとって方言とは、どのようなものですか。

あって当たり前のいつも呼吸している空気のようなものです。これからも、特に意識しないで方言を使っていきたいと思っています。やっぱり、地元の言葉が好きですから。

南相馬市　渡部　安さん（七八）　いわき市東田町に避難

――三・一一の地震のときは。

牛舎で、餌を与えでいました。揺れが激しぐなって、牛は鳴ぎ騒ぐし、立っててんのもやっとでした。

――原発事故の避難指示が出たときは。

牛サ(に)餌をやらないわげにはいがないので、すぐには避難しませんでした。二日後の夜、原発がさらに危なぐなったんで、相馬サ避難しました。四日後、東京サ避難すっことになり、福島を離れる前に一回、牛を見でおきたくて家サ戻っと、牛は立って一斉に鳴ぎ出しました。牛サ餌をたっぷりあでがって、家を出できました。東京の府中市サ約一カ月いで、現在のいわき市東田町に来ました。

――牛はどうなったのでしょうか。

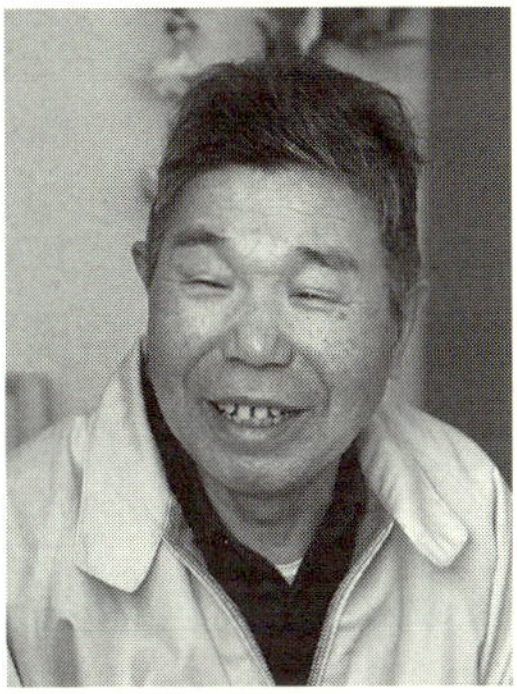

渡部　安さん

やっと許可が出で、一時帰宅したどぎには、全部死んでいました。牛舎の柱サ牛が何回もかじった跡があって、角張った柱が細ぐ丸ぐなってました。腹を減らして死んでった跡だったんです。

――現在のアパートでの生活はいかがですか。

よそで暮らしたごどがないんで、慣れないごどばりです。近所づきあいもないし、話し相手もいないんで。避難前までは、隣近所の人だぢど毎日しゃべっていだんですが。

――いつも方言で話していたのですね。

子供の頃がら弟だぢど、農作業の手伝いをしていだんで、方言の中で育ぢました。方言で気軽にシャベライル（話せる）話し相手がいないのは寂しいもんです。

――子供の頃の特に思い出深い方言は何ですか。

コジハン（おやつ）です。昔の農作業は重労働だったんで、腹が減りました。午後三時がら四時ごろに畑でひと休みしながら食べるおにぎりや凍み餅の味は忘レランニェ（忘れられない）なあ。コジハンを食べっこどが何よりの楽しみでした。バンカダ（夕方）になっと、父は母に「オヘラッから、オマガネしろ（日が沈むから、晩ご飯の準備をしなさい）」って言い、私ら子供には「スイショ燃せ（風呂を沸かしなさい）」って言って、先に家サ帰しました。父が帰ってきて、家族みんながそろうど晩ご飯です。マンマ（ご飯）とオッケ（みそ汁）とオセー（漬物）ぐらいでしたが、腹が減っていだんでうまがったです。母は子供だぢには「イッペケー（たくさん食べなさい）」って、たくさん食べさせでくれました。

――お母さんの愛情ですね。渡部さんの方言は家族一緒の農作業などを通して生活の中で育まれてきたものなのですね。最後に、渡部さんにとって方言とは。

方言っていう意識は特になくて、ずっと普通に当だり前に使ってきました。ちゃんとし

猪狩チヨコさんと関根豊所長

た標準語でしゃべれって言ワッチェ（言われて）も無理な話で、自分の言葉はもう体に染み込んでっから、方言は親がらもらった体の一部分のようなもんだなあ。

川内村　猪狩チヨコさん（八三）　郡山市南に避難

――原発事故が起こったときは。

富岡町の人だぢが続々、村サ避難してきました。屋内退避指示が出で、四日間、家ん中サいで、五日目に避難指示が出で、富岡町の人だぢどいっしょに、郡山のビックパレットの避難所サ来ました。

――避難所での生活はどうでしたか。

近所の人だぢどばらばらになって、話し相手もいませんでした。横になんのがやっとの狭いどごでダンボールの上で毛布サくるまっていました。寒いし、体は痛いしでつらがったです。風呂サは約一カ月入ランニエガッタ（入れなかった）なあ。今の仮設住宅サ移ってやっと落ぢ着ぎました。

――今の楽しみは何ですか。

巡回で来てくれる交番の関根豊所長さんと話すのが一番の楽しみです。所長さんは最初から気さぐに方言で話してクッチャガラ（くれたから）、とても安心できたし、親しみを感じました。所長さんらが毎月一〇日に「おだがいさま交番」っていう集まりを開いでくれっから、みんなで集まっています。

――集まりでは、どんなことが話題になりますか。

だいたい同じ年代の人だぢなんで、子供のころの手伝いどが遊びの話です。

――どんなお手伝いや遊びをしていましたか。

毎日やったのはスーショタギ（風呂沸かし）です。なが なが燃えねくてシフギダゲ（火吹き竹）思いっきり吹いで…。遊びでは、おはじぎ、ナンコ（お手玉）、自分でもじったシモ（ひも）でなわとびもしたなあ。

――子供のころの、特に思い出深い方言は何ですか。

先生や親によぐ言ワッチャ（言われた）セデンゲ（連れていけ）です。上に兄二人、下に妹四人の七人きょうだいの長女だったんで、妹らのモリ（子守）は私の仕事でした。百姓が忙しいどぎ（農繁期）には赤ん坊の妹をおぶって学校サ行ぎました。授業中に泣ぎ出すと先生に、「廊下サ、セデンゲ」って言われました。田んぼや畑でモリしてっときにも泣ぎ出すと、親に「家サ、セデンゲ」って言われました。先生や親は泣ぎ声がうるさくてセデンゲって言ったんでなぐ、赤ん坊がモゴイ（かわいそう・大事にしたい）がら言ったんだど思います。セデンゲのおがげで、妹どいっつもいっしょにいられました。

――猪狩さんにとって方言とは。

安心できるものです。話し相手がいながったどぎに、関根豊所長さんに方言で話シカゲラッチェ（話しかけられて）、とても安心しました。気さぐに話せっから、今ではすっかりお友達です。「おだがいさま交番」のおがげでお友達も増えました。交番のみなさんには本当に感謝しています。

双葉町　菅本　洋さん（七二）　京都府向日市に避難

――お住まいが海岸沿いでは被害も大きかったでしょう。

浜野地区は五一戸ありましたが、五〇戸が津波で流されました。現在もまだ行方不明の方がいます。

――どのように避難して京都まで来られたのですか。

最初は双葉町の山手にある山田公民館に避難しましたが、原発事故の避難指示が出て川

菅本　洋さん

保町体育館、さいたまスーパーアリーナと移動して、娘がいる京都に来ました。

――京都には何回も来られているのですか。

昔、高校の修学旅行で来たのと、娘の結婚式で来たぐらいです。

――京都の言葉はいかがですか。

「ご飯を炊く」と言いますが、京都ではご飯だけでなく、「魚を炊く」「野菜を炊く」「肉じゃがを炊く」と、鍋で煮るものは全部「炊く」というので驚きました。母親や自分の奥さんを「オカン」、捨てることを「ホカス」と言うのも京都に来て聞いた言葉です。「そうやろ」とか「アホやね」という言葉を聞くと関西にいることを感じます。

――福島とは違う言葉が多いと思いますが。

相手の言葉がわからないときには、「それ標準語で何て言うの」と聞くようにしています。標準語に直してもらうとわかりますから。自分でも、つい方言が出たときには標準語に言い直しています。ズーズー弁混じりの標準語ですが、今のところ通じています。

――標準語が役立っているのですね。

方言も大事ですが、違う方言の人とも通じ合える標準語も大事だと思います。京都ではなるべく標準語で話すようにしています。

——京都の方と話す機会は多いのでしょうか。

お世話になっている恩返しと運動を兼ねて、こちらのシルバー人材センターに登録して、公園の清掃やごみの分別のお手伝いをしているので、同年代の友達ができました。京都の言葉を教えてもらったり、福島の方言を教えたりすることもあります。

——郷里の方と話す機会はありますか。

こちらでボランティアとして避難者支援をしてくださっている岡部正則さんと知り合いました。岡部さんは浪江町の出身で呉服関係の仕事で若い頃からずっと京都に住んでいる方です。同じ郷里なので言葉も同じで、話していてとても安心できます。

——菅本さんの好きな方言は。

イヤンベ（ちょうど良い）です。何事も適度が大事だと思います。「オッケ、ショッパグネガ（みそ汁、塩辛くないか）？」「イヤンベだ」「風呂、ヌルグネガ（温くないか）？」「イヤンベだ」と、今でも家で使っています。

——菅本さんにとって方言とは。

地元の人たちと気持ちが通じ合える言葉が方言だと思います。地元だけでなく広く全国の人と通じ合える標準語も大事なので、京都では標準語に慣れたいと思っています。

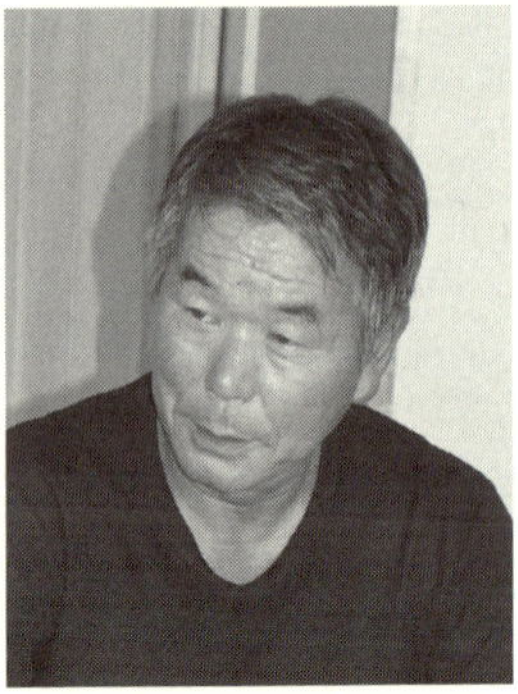

吉田日出男さん

相馬市　吉田日出男さん（六四）　相馬市北飯渕に避難

――吉田さんの好きな方言は。

サスケネ（大丈夫・気にするな）だなあ。小学校六年とぎ、初めで船サ乗セラッチャンダゲンチョ（船に乗せられたんだけれども）、船酔いして苦しがったどぎ、「早ぐ、ゼーサケーッチェ（家に帰りたい）」って言ったら、おやじサ「サスケネ、もうチント（少し）だがら、がまんしろ」って励マサッチャンダ（励まされたんだ）。「サスケネ」って言われっと、安心すんだ。今でもサスケネはよぐ使ってんなあ。船、ゴスタン（後退）して、ほがの船サ、ぶっつがったりしたどぎ、「サスケネ、サスケネ」なんて言われっと、ありがでえなあ。

――ほかにどんな方言がありますか。

方言ッツーンダガ（と言うのか）、漁師言葉ッツーンダガ、ワガンネゲンチョ（分からないけど）、いろいろあんなあ。でっけえごどズネーって言うゲンチョ、テッパヂってても言うんだ。「ずいぶんテッパヂヒラメだなあ」どが。超おっきいど、ステッパヂって言うんだ。牡蠣はザガギ、鮭はサゲノヨ、鯒（めごち）はキューリ。

――今でも使っている言葉ですね。

普通に使ってる。自分の言葉だもの。だいたい何が標準語で何が方言だがなんて、はっきりワガンネもんなあ。昔がら、じいちゃんもおやじもみんな使ってきた言葉だがら、オセラッチャッツーガ（教えられたというか）、体サ染み込んでんだなあ。

――船の上でお父さんから教わったことは。

気象のごどだなあ。今頃だったら「西風吹いだら、オギゲ（嵐）になる」。冬は「カンコチ（南東の風）、雪を招ぐ」「雪のあどはナギル（波が穏やかになる）」。ナギってで天気も良くて風もねえごどをギラッパリって言うんだ。漁師は気象のごどだげは注意してる。命かがってっから。

――吉田さんにとって方言とは。

宝だな。先祖代々がら受け継いできたものだし、仕事どが生活に、なくてはなんねえもんだがら、大事にシネッカナンネベ（しなければならないだろう）。

――方言はいつまでも残したいですね。

残してえ。この辺はまだまだ方言使っててんだがら、方言の語り部のような人サ学校でオセデ（教えて）もらいでえなあ。小学校がら英語なんて言ってねえで、地元の言葉のごと、大事にしてもらいでえなあ。

――今後のお仕事の見通しは。

　津波んとぎは、沖サ向がって行ったがら、船は無事だったゲンチョ、家は流サッチェ（流されて）全滅よ。んでも船はあっから、早ぐ漁してえんだゲンチョ、原発事故のハレ（せい）で再開できねえんだ。息子だぢはオガサ上ガッタ（漁師以外の仕事に就いた）がら、漁師は四代目の俺で終わりだゲンチョ、このままでは終ワランニェ（終われない）。必ずまだ漁サ出でえど思ってんだ。

大熊町　庄子ヤウ子さん（六六）　会津若松市真宮新町に避難

――以前のお住まいとお仕事は。

　自宅は原発から三．三キロメートルのところでした。そこで編み物教室をやっていました。今はそれを生かして、仲間のメンバーと一緒に、お世話になっている会津の皆さんへの感謝の気持ちで会津木綿を使い、大熊町のマスコットのくまのぬいぐるみを作っています。

――ものづくりは、いいですね。これまでどんなものを作りましたか。

　布を使って作ることが好きなので、大熊町の民話を紙芝居でなく布芝居で作りました。

けっこう評判がよかったんですよ。

――民話は方言でやったのですね。

もちろん方言です。民話も方言も大熊町の子供たちに語り伝えていかなければならないと思っています。今年の二月から会津の語り部の会に入れていただき、毎月一〇日に開かれる「アネッサ十日市」で、大熊町の民話を方言で語っています。今度は震災や原発事故、避難生活のことを方言で語ろうと考えています。

――庄子さんの好きな方言は。

オバンカダーです。夕方の薄暗くなったころに道で通りかかった人や、畑仕事をしている人と交わすこのあいさつが大好きです。オバンカダーの響きがよく、今日一日が無事に終わったことをお互いに確認しているというか、共感しているというか。そんな思いが詰まっている言葉だと思います。

庄子ヤウ子さん

――方言は誰の影響を一番受けましたか。

祖母です。ばあちゃん子だったので。「餅米、ウルガシテオゲ（水に浸しておきなさい）」「鍋、カンマシテオゲ（かき回しておきなさい）」「ホナドゴサノダバッテ（そんなところに腹ばいになって）行儀悪いごど」なんて、よく言われました。バッパサン（おばあさん）言葉が自分の中にたくさん残っています。

――ほかにおばあさんから教わったことは。

「仕事と食いもんは、タマゲンナ（驚くな）」とよく言われました。仕事と食べ物は、いくらあっても、なくなるからという意味で、若い人たちにも伝えています。

――庄子さんにとって方言とは。

思いがたっぷり詰まった言葉です。高校卒業後四年間、東京へ行っていましたが、「福島なのに、なまってないね」とよく言われました。無意識のうちに方言と標準語を使い分けていたんだと思います。でも大熊に帰ってくると方言になる。不思議です。方言でないと伝わらないことがあるということは、方言には標準語にはない思いが詰まっているからだと思います。

新地町　菅野幹雄さん（六七）　新地町駒ケ嶺に避難

――津波が来たときは。

黒い壁サ追ッカゲラッチェ（津波に追いかけられて）、車で必死に逃げました。高台サ着いで、振り返っと、家は津波サのみ込まれで…。津波は全部のみ込んで持っていぎました。

新築したばがりの家も残ったのはハッシャ（柱）だげでした。

――すぐお隣の山元町は宮城県ですが、言葉の違いを感じますか。

山元の漁師は釣師浜漁港（新地町）から船を出してるんで、山元の言葉は昔からよぐ聞いでますが、違う言葉がけっこうあります。チャッパ（風呂手ぬぐい）のごどを山元ではチョンテヌグイ、行ぐガー（行きますか）は行ぐゲー、言ったベシタ（言ったでしょう）は言ったッチャ、ダマサッチャ（だまされた）はダマサッタって言うんだなあ。魚の名前も違ってで、オコゼのごどを新地ではサクタロー、山元ではヤマノカミって言うんです。方言ナンダベ（なんだろう）なあ。

――方言は好きですか。

菅野幹雄さん

やっぱり子供の頃がらの思い出のある言葉だがら、いいもんです。家の中で自然に覚えだり、友達ど遊びながら覚えだりして、身についだものだがら。

――子供の頃の遊びは。

今頃だとよぐ、アゲズトッシャ（とんぼ捕りに）行ったもんです。アゲズのしっぽサ松葉つけだり、糸つけだりして飛ばしました。糸サ鳥の羽をつけっと、どごまで飛んでったがよぐ見えるんです。冬はタッペニナッタ（氷が張った）田んぼで氷すべり。かやぶぎ屋根だったたんで、タレシ（つらら）取って、長さ比べして遊んだりもしました。今の子供は、そんな遊びはしねえもんなあ。

――昔の遊びや方言は残したいですか。

残したいです。小学生の孫の授業参観日に昔の遊びをしてきました。子供だぢは夢中になっていました。核家族が多いので、学校のこういう場はいいごどだと思います。孫に「シタンペ（つば）」って言ったら、「どういう意味？」って聞かれました。子供だぢは昔の遊びや方言に興味をもっているんです。教えればすぐに覚えます。孫が「～ダベ」なんて言ってるのを聞ぐど、教えなくても自分だぢの言葉が伝わっているごどを感じ、うれしぐなります。

葛尾村　松本一雄さん（七二）　三春町柴原に避難

――ご自宅は山の高いところだそうですが。

うぢは集落でも一番山奥の一軒家で、高いどごサあっから、ながめも良くて、浪江や小高の花火も見えました。冬は郵便屋さんがのぼってくんのが大変なので、下の家に配達してもらっていました。役場や店までは一〇キロ近ぐありますが、週に一回、移動販売が来てくれました。仕事は林業で、山で木を切っていました。

――山奥だと動物もたくさんいるでしょう。

キヅネ、タヌギ、イノシシ、イタヂ、リス、ウサギ、ムササビ、ハクビシン。いろいろいます。いづだったが、郵便屋さんに「松本さんのサル、ニゲデットー（逃げているよ）」って言われで、「うぢではサルなんてカッテネード（飼ってないよ）」って言って庭サ出で見だら、サルの赤ん坊でした。

――山菜も豊富ですね。

茸、わらび、蕗など、たくさん採れるので、漬け込みます。松茸も家のすぐ裏で採れます。野菜は畑で作っていだので、店屋がら買ってこなくても、自分の家にあるものだげで、食べられました。

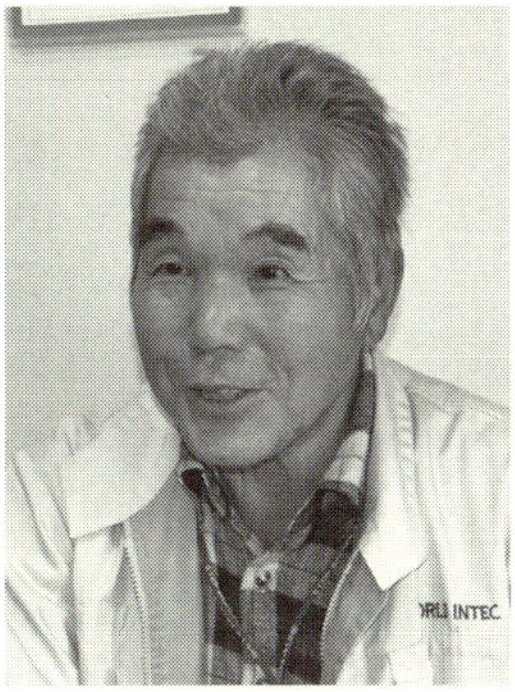

松本一雄さん

――ほかにどんなものを食べていましたか。

じゅうねん（エゴマ）をうどサからんだり、とろろをみそ汁のツヨ（つゆ）で割ったり、納豆サ白菜刻んで混ぜだりしたものがあれば、ゴッツオー（ごちそう）でした。納豆はズズッコ（わらの筒）サ、煮だ豆入れで土サ埋めで作っていました。

――ごはんが進みそうなものばかりですね。

おかずがなくても、ごはんは、ンマイ（うまい）です。子供の頃は、ヤギツギ（焦げたごはん）が大好きでした。ごはんが炊げる頃、ヤギツギクサグ（焦げ臭く）なっと、うれしがったもんです。今でも山仕事でお昼に食べるヤギメシ（お握り）は最高です。

――葛尾村は、凍み餅が知られていますね。

寒いので、よく凍みるんです。水サウルガシテ（浸して）、ぶら下げでおぐど、よく凍みで、ンマイ凍み餅になるんです。油で揚げで食うど最高です。凍み大根も作りました。これも流れる水サ、ウルガスんですが、水は沢から引いでいる山水なので、飲み水も風呂水もただです。避難して仮設住宅サ入って、初めで水道代を払いました。

――これまでは電気代ぐらいだったのでしょうか。

そうです。電気が通ったのは昭和四六年頃でした。妻が隣村がら嫁に来たどぎ、洗濯機を持ってきたんですが、電気が来てなくて使えながったんです。電気が来てないごどに驚いだ妻は、とんでもねえどごサ嫁に来ッチマッタ（来てしまった）ど思ったそうです。当時はどごでも自宅で結婚式をしたんですが、後片付けのどぎ、明がりがランプなので、足元がよぐ見えなくて、お膳につまずぎました。電気が通ってがらも、こだつは炭だったし、風呂は、タギモノ（薪）でした。

――食べ物や燃料など、ほとんどのものが自給自足だったのですね。

そうです。今は店屋に行けば何でも買えるし、風呂もガスで沸かせますが、やっぱり自分で採ってきたり、作ったりしたものを食べだいし、タギモノを燃して沸がした風呂サ入りだいです。山奥の一軒家ですが、村の自分の家サ帰りだいです。

広野町　菜花節子さん（六三）　いわき市常磐関船町に避難

――震災のときは。

工場でスカートを作っていました。大きな揺れが長く続いていたので、柱にしがみついていました。重いミシンが動いていたので、怖かったです。長く縫製工場で働いていますが、ミシンが動いたのを見たのは初めてです。

――縫製のお仕事はいつからですか。

一六歳からずっとです。集団就職で東京の縫製工場に行きました。上京するとき、駅のホームで友達や先生、家族に見送ってもらいました。別れがつらくて、汽車の窓から海を見て泣いていました。

――帰省は。

菜花節子さん

お盆とお正月は帰ってきました。帰るときはうれしくて、早起きして、おみやげに雷おこしを買って、上野発六時の汽車に乗りました。鈍行で六時間ぐらいかかるんですが、海が見えてくると、ふるさとに帰ってきたなあ、って感じました。久ノ浜から広野の間の海が見える景色がすごくいいんです。

――「今は山中、今は浜…」の唱歌「汽車」の情景ですね。

そうです。「とんぼのめがね」も広野で生まれたんです。広野町では毎年、「ひろの童謡まつり」をやっていました。

――東京では言葉の違いを感じましたか。

東京の言葉はきれいに聞こえました。同僚から、「声が大きいし、なまってる」って言われて恥ずかしくなり、なるべくしゃべらないようにしていました。だんだん東京の言葉にも慣れてきて、帰ってきたときには地元の友達から、「言葉、きれいになったね」って言われました。でも、自分では標準語をしゃべっているつもりでも、ついつい気づかないうちに方言が出ッチャイマス(出てしまいます)。

――どんな方言が出ますか。

ダッペーはよく出るっていうか、よく使っています。「そうでしょう」って言うときに「ソーダッペー」とか。思い出すときにも、「何て言ったッペー」とか「何買ったッペー」

って「ペー」を付けるんです。

――特に好きな方言は。

アンチャです。近所のお姉さんのことを呼ぶときに「おゆきアンチャ」っていうふうにアンチャを付けて呼びます。アンチャって付けると、響きもいいし、あったかいっていうか、優しい感じがして、すごくいいんです。

――菜花さんにとって方言とは。

ふるさとです。東京で寮生活をしていたとき、家が恋しくなると思い出すのは、ふるさとの景色、家族の顔でした。当時はまだ家に電話がなかったので、家族の声を聞くことはできませんでした。でも、父がときどき手紙をくれたんです。手紙を読んでいると、方言たっぷりの父の言葉が聞こえてくるんです。方言はふるさとの言葉っていうより、ふるさとそのものだと思います。

富岡町　筒井康弘さん（六七）　郡山市南に避難

――震災のときも線路を見ていたのですね。

うちは海の近くの小高いところにあるので、海も線路もよく見えるんです。外に出て見ていたら、海が一〇メートルくらい、落っこったような感じになってから、真っ黒い津波

筒井康弘さん

が来たんです。家や、車、農機具が左右に動きながら、津波に乗って流れてきて、うちの方に近づいてきました。

――ご自宅は無事だったのでしょうか。

線路のところが高くなっていて、それが堤防になって、津波は線路を越えませんでした。毎日見ていた線路に助けられたような気がします。

――常磐線でお仕事をされていたそうですが。

水戸駅から原ノ町駅までの線路を点検していました。今、不通になっている広野駅と原ノ町駅の間の線路は数え切れないほど歩いています。

――どこの駅が一番好きですか。

夜ノ森駅です。夜ノ森公園の桜並木は有名ですが、夜ノ森駅のツツジもきれいです。夜ノ森駅のホームは切り通しになっていて、両側の斜面にツツジがたくさん植えられています。ツツジの開花時期になると、特急スーパーひたちは乗客のために減速して通過するんです。線路で好きな所は、夜ノ森駅と富岡駅の間に一カ所だけある山手に海が見えるところです。

──好きな方言は。

線路の点検に出動するときは、「様子見サ行ぐべー」と声をかけ合って出るんです。馴染みがあり好きな言葉です。標準語なら「見に行こう」と言うんでしょうが。「駅サ行ぐ」とか「右サ曲がれ」というようにサは言いやすいのでよく使います。

──ほかに馴染みのある言葉は。

電車はキシャ、駅はテーシャバ、線路はキシャミジ。昔から使っていた言葉は馴染みがあります。下車することをオヂルと言いますが、濁らないでオチルと言っても意味が通じませんでした。標準語だと思っていたんですが。

──ほかに意味が通じなかった言葉は。

「紙にノボンナ」とか「人の足にノボンナ」のノボル(踏む)。「ごみ、ナゲロ」のナゲル(捨てる)。「コエーなあ」のコワイ(疲れた)。これらは、ずっと標準語だと思っていたので、方言だと気づいたときは驚きました。

──今も使っていますか。

使っているというか、自然に出てきます。若い人たちの中には方言だと気づくと使わない人もいますが、通じる範囲では普通に使っていいと思います。

──筒井さんにとって方言とは。

ふるさとの空気のようなものです。ここの仮設には富岡の人たちがまとまって住んでいるので、みなさん、方言で生き生きと話しています。同じ言葉を使っているというのは、同じ空気を吸って生活していることだと思います。いつもどこからか地元の言葉が聞こえていると安心します。

飯舘村　三坂二三子さん（六四）　福島市松川町に避難

――避難されるまでの一カ月は。

浪江や原町の人たちが避難してきたんで、炊き出しや避難所の手伝いをしながら、家の工場の仕事もしていました。でも、水道が出ンノニ（出るのに）、水が配給になったり、「外にはなるべく出ないように」って指示が出たりしてたんで、とても不安でした。国の役人や大学教授の説明会が何回かあって、「直ちに体に影響はない」とか「マスクなんてする必要ない」って言われて、信じていたんですが…。

――避難生活はいかがですか。

アパートは話し声にも階段の上り下りにも気を遣います。また、狭いので孫たちが来ても部屋がなくて、泊まることができません。でも、悪いことばかりではありません。福島市は病院もいっぱいあって安心だし、店もいっぱいあるので買い物にも便利です。都会の便利さがわかりました。

――今、ご自宅の工場は。

村には日中だけ出入りできるんで、特別に許可をもらってやっています。雪道を通うのは大変ですが、村に入っと、やっぱり落ち着きます。村は復興のために、再開する事業所を支援してくれています。

――飯舘村はマデーな村として有名ですが、マデーはよく使う方言ですか。

よく使います。「仕事はマデーにしろよ」とか「病院サ行って、マデーに診でもらえ」って。子供の頃、母からよく「マンマ（ご飯）はマデーにケーよ（食えよ）」って言われました。漬物で掃くようにして最後の一粒まできれいに食べて、最後にお湯を入れて飲むんです。「マンマッブ（ご飯粒）残すと目がつぶれる」っても言われました。学校でも、「マデーに掃除しろよ」とか「マデーに鉛筆削れよ」って先生に言われました。

――鉛筆はナイフで削っていたのですね。

そうです。参観日には削った鉛筆を作品として教室の後ろに並べて、うちの人に見てもらうんです。いつもはズランボ（先が丸くなった状態）になっても使っ

三坂二三子さん

ているんですが、参観日のときは、先がスパスパになるまで削ったもんです。

――マデーは、いいことなのですね。

「丁寧」っていう意味ではいいんですが、「けち」っていう意味もあるんです。「けちけちした人」のことを「マデーな人」って言うんです。

――ほかによく使う方言は。

「ンダベー（そうだろう）」とか「休ムベー（休もう）」ってベーはよく使います。「ヤッペー（やろう）」とか「起ギッペー（起きよう）」ってペーも使います。

――普段の会話は方言ですか。

よその人と話すときは、こんなふうに、気取って話してますが、村の友達や近所の人と話すときは方言です。

――三坂さんにとって方言とは。

オツケ（みそ汁）のだしのようなもんです。味のある言葉が方言だと思います。

楢葉町　猪狩好光さん（七六）　会津美里町高田前川原に避難

――ずっと家族一緒に避難していたのですか。

二カ所目の避難所までは一緒だったんですが、放射能がオッカナガッタ（怖かった）んで、息子の嫁と孫だぢは中国サ行ったんです。息子は仕事で遠ぐサは行げながったんで、役場の指示で会津美里町サ来たんです。

——お孫さんたちは中国まで行ったのですか。

息子の嫁の実家は中国なんです。ンデモ（それでも）、すぐ戻ってきました。やっぱり家族は一緒にイネッカナンネ（いなければならない）ど思ったそうです。

——会津での生活はいかがですか。

冬の雪には驚いだゲンチョ、人柄は最高です。引っ越しんとぎ、近所の人が次々ど集まってきて、手伝ってクッチャ（くれた）んです。みんな本当に親切です。テッポーブチ（狩猟）やっから、イノシシ捕ってきたどぎ、近所の人だぢど、オレー（我が家）でイノシシ鍋をやったんです。イノシシの骨でだしをとって、大根、じゃがいも、白菜を入ッチェ（入れて）。自分で捕ってきたものを食うっていうのは最高です。

猪狩好光さん

——狩猟ではどんなものを。

いろいろ捕ったなあ。イノシシ、ウサギ、カモ、キジ、ハト…。捕ったのを自分で料理して食べんのがまだンメー（うまい）んだ。イノシシのレバーだの、ウサギの刺身だのも食ったなあ。

――楢葉は木戸川の鮭が有名ですね。

楢葉にいだどぎは、よぐサゲノヨ（鮭）でドブジル（鮭と野菜を煮込んだ鍋料理）を作っていました。ドブジルはハダイモ（里芋）入ンニェ（入れない）どだめなんです。カーペムガネクテモ（皮をむかなくても）、とろとろヤッコグネーデ（柔らかく煮えて）ンメー（うまい）んです。サゲノヨはシショビギ（塩引き）もンメーゲンチョ（うまいけれど）、ドブジルが最高です。

――会津の言葉はどんな感じですか。

あったがい感じがします。「ソーガシ（そうですか）」なんて、後ろサ、シ付けで言われっと、感じがいいです。

――お孫さんも方言を使いますか。

俺のまねしてんだが、使ってます。血のつながりど同じで言葉もつながってるようで、うれしいです。

――息子さんのお嫁さんは。

嫁に来たばがりのころは、日本語が全然ワガンネガッタ（わからなかった）がら、言葉ワガンネど、サビシベ（寂しいだろう）ど思って、教えだんです。今では、「イーベー（いいだろう)」なんて、普通にしゃべってます。

――方言は好きですか。

地元の言葉っていうのは、標準語ど違って独特の味があっていいもんです。楢葉の言葉も会津の言葉も大好ぎです。

四　おわりに

東日本大震災は福島県にも甚大な被害をもたらした。地震と津波および震災直後に発生した東京電力福島第一原子力発電所の事故によって、関連死を含め三、六〇〇人もの尊い命が失われた。住宅の被害は全壊、半壊を合わせて約九五、〇〇〇棟以上(福島県災害対策本部発表「平成二十三年東北地方太平洋沖地震による被害状況即報第一三二四報」より。二〇一四年一二月一日現在)。国道六号線や常磐線、東北新幹線など、県内の主要な交通網が寸断され、震災直後は多くの県民が物資不足にあえいだ。さらには双葉郡を中心に多くの県民が避難を強いられ、その困難は現在に至るも継続中である。震災から四年が経とうとする中、今もなお一二万人以上の方々が県内外で不便な避難生活を送られている。

こうした方々の方言への思いを受け止めるとともに、福島県方言の保存、継承に向けてさらなる取り組みが求められている。

注

1　これらの活動には筆者らの他に、中川祐治（福島大学人間発達文化学類・准教授）、白岩広行（上越教育大学教育学研究科・講師）、本多真史（日大東北高校・講師）が参加した（所属等は二〇一四年一二月現在）。

謝　辞

第二節の意識調査に際しては、大分県福祉保健部地域福祉推進室地域福祉班（調査当時）の後藤素子様にさまざまにご高配を賜りました。また、株式会社大分放送の中川裕之様にもインフォーマント紹介等に関してお力添えいただきました。あらためて深く感謝申し上げます。

また、第三節のインタビュー調査においては、慣れない土地での不自由な避難生活が続いている中で、多くの方々にご協力賜りました。インタビューに応じてくださった皆様、本当にありがとうございました。また、記事の転載をご快諾くださった福島民友新聞社、とりわけ編集局の菅野篤局長様と髙橋満彦次長様にはご高配を賜り、心より感謝申し上げます。

第二部　伝えるために会話を記録する

第三章　方言談話が伝える震災と民俗―茨城と福島の談話を中心に―

杉本妙子

一　方言談話とは

被災地における方言の自然談話は、方言資料としての価値とともに震災の記憶や地域の暮らしを伝えるものとして貴重である。お一人お一人が経験したことやその時に感じたことを、方言という日常のことばで語ってくださったことにより、震災時の切迫した状況や心情が鮮明に私たちに伝わってくる。また、地域の民俗や日々の暮らしも、方言で語られることにより生き生きと私たちはその存在を感じることができる。これは、方言が生活に根差したことばだからであり、被災体験も民俗も、方言という自らのことばをとおしてこそ素直に語られ、私たちにもまっすぐ伝わってくるからであろう。伝えようとする熱い思いも然りである。そこには、共通語では表現できない方言だからこそ表し得る方言の持つ力強い働きがある。また、方言談話を記録することの意義をそこに認めることができる。

ところで、大震災以前に記録された青森から茨城にいたる被災地の談話資料は多くはない（東北大学方言研究センター二〇一二、六〇～六二ページ）。そこで、平成二四、二五年度の二年間にわたって、青森（弘前学院大学）、岩手（岩手大学）、宮城（東北大学）、福島（福島大学）、茨城（茨城大学）の五県（五大学）では、青森から茨城までの被災地で様々な震災や暮らしの談話を収集、記録し、報告書等の形で公表した。談話収集にご協力くださったたくさんの方々に感謝しつつ、この二年間の取り組みの中で、それぞれの地域について、震災や民俗として何を記録し、伝えることができたのかを、本章では述べていく。そのためにまず、五県の取り組みによって、この二年間に記録・報告できたのはどのようなことかを示す。その上で、震災と民俗について、筆者が記録・報告した茨城と福島の談話を紹介し、他地域の談話にも触れながら具体的に見ていくことにする。

二　各地の談話とその分類・内容

二年間の取り組みの談話を大別すると、「A：震災の記憶・記録」と「B：民俗・日々の暮らし」に分けられる。この二つに区分して、話し手の方々の出身県ごとに、平成

二四、二五年度の順に「市町村名：談話の題名」の形で談話を一覧し、さらに談話のおおよその内容と傾向を述べていく。なお、各談話の題名は概ね各県の報告書のものであるが、題名のないものに筆者が題名をつけたものや、関連する短い談話を一括、あるいは内容によって長い談話を分割したものなど、一部、報告書とは異なるものがある。また、地域名には主に市町村名を用い、同一地域で複数の談話がある場合は、「市町村名＋①、②…」のように番号を付した。この番号は、平成二四年度の談話A、談話B、平成二五年度の談話A、談話Bの順に通し番号とした。市町村は各県ごとに概ね北から南に並べた。

平成二四年度　全三〇地点四八談話（A：三七、B：一一）

青森　四地点八談話（A：五、B：三）

A：震災の記憶・記録…六ヶ所村：震災の日／おいらせ町①：震災の経験、おいらせ町②：震災のとき㋨こと／八戸市①：震災談話、八戸市②震災後

B：民俗・日々の暮らし…三沢市①：農家の暮らし、三沢市②：友人との会話／おいらせ町③：方言意識

岩手　二地点三談話（A：三）（三談話とも二五年度の報告と一括）

A：震災の記憶・記録…釜石市①：津波から生き残るために―両石地区―、釜石市②：

胸まで太平洋が来た―唐丹地区―／大船渡市：「我慢強い」ではなく「辛抱強い」

宮城　一五地点一六談話（A：一二、B：四）（分割した談話一を含む）

A：震災の記憶・記録：気仙沼市：震災のときのこと／（本吉郡）南三陸町①：震災のときのこと／石巻市：震災のときのこと／東松島市：震災のときのこと／（宮城郡）松島町：震災のときのこと／（宮城郡）利府町：震災のときのこと／（宮城郡）七ヶ浜町：震災のときのこと／仙台市：震災のときのこと／名取市：震災のときのこと／岩沼市：震災のときのこと／（亘理郡）亘理町：震災のときのこと／（亘理郡）山元町：震災のときのこと

B：民俗・日々の暮らし：南三陸町②：昔の山仕事の苦労話／（牡鹿郡）女川町：地域の文化のこと／塩竈市：方言のこと／多賀城市：方言のこと

福島　二地点四談話（A：四）

A：震災の記憶・記録：（伊達市）保原町①：あんぽ柿が出荷できない、保原町②：地震の備え、保原町③タケノコと放射線量／福島市：地震が起きたときのこと

茨城　七地点一七談話（A：一三、B：四）

A：震災の記憶・記録：（北茨城市）大津町①：地震の時の話、大津町②：チリ津波の経験談と今回の津波の時の話／高萩市：震災当日のこと、津波による建物の被害／日立

市：震災のとき、井戸が役立ったこと／水戸市①：震災の時のこと、水戸市②：震災と地域の助け合い／（東茨城郡）大洗町①：震災の瞬間のこと、大洗町②：震災直後の津波と避難のこと、大洗町③：陸での避難のこと、大洗町④：陸での避難場所から沖での避難を見守っていたこと／旧神栖①（神栖市奥野谷）：テンデンシノギと昔の漁師／（神栖市）波崎①：震災当日のこと、波崎②：チリ地震の時のこと

B：民俗・日々の暮らし…旧神栖②：草山と弁天山、旧神栖③：方言の話、旧神栖④：農業の変化、旧神栖⑤：講の話

平成二五年度　全一二地点三二談話（A：一五、B：一七）

岩手　四地点一二談話（A：八、B：四）

A：震災の記憶・記録…（宮古市）田老①：竹林の記憶の話、田老②：昭和三陸大津波のときの避難生活の話、田老③：家の石垣と昔の道路の話、田老④：一九三三（昭和八）年の津波の紙芝居について／（閉伊郡）山田町①：東日本大震災の津波の話（その1）、山田町②：東日本大震災の津波の話（その2）、山田町③：山田の漁業の過去・現在・将来の話／陸前高田市：「イギッタッタネー」3・11を乗り越えて

＊右記の他、二四年度の「釜石市①」「釜石市②」「大船渡市」の前半部分と同じ三つ

の談話の報告があるが、これらについては二四年度談話の一部として扱う。

B：民俗・日々の暮らし…田老⑤：盛岡弁の話／山田町④：大切にしたい山田の方言の話、山田町⑤：結婚式（披露宴）の話／（閉伊郡）大槌町：大槌町の伝承および地名に関する考証

福島　六地点一四談話（A：六、B：八）（分割した談話一を含む）

A：震災の記憶・記録…相馬市：地震が起きたとき、津波で助かるかどうかは紙一重だった／南相馬市小高区：地震が起きたとき、どう逃げたか／（双葉郡）葛尾村①：避難したときのこと／（双葉郡）浪江町①：地震が起きたときのこと、津波は来ないと思っていた、浪江町②：避難してすぐの頃のこと／（双葉郡）双葉町①：原発からの避難の話

B：民俗・日々の暮らし…葛尾村②：葛尾村は昔は相馬藩と三春藩だった、葛尾村③：方言の話／双葉町②：正月のお供え、凍み餅、十日市の話、双葉町③：正月飾り、小正月の稲穂つけの話、双葉町④：正月の雑煮・餅つきのこと、双葉町⑤：桑畑の話／（双葉郡）楢葉町他①：七五三、立志式、葬式の白鳩、楢葉町他②：方言の違いの話

茨城　二地点六談話（A：一、B：五）（一括した談話一を含む）

A：震災の記憶・記録…波崎③：震災のときのこと、他

B：民俗・日々の暮らし…（北茨城市）平潟①：昔の門松・ドンド焼き・正月の市のこと、平潟②：小正月の嫁の里帰りとナリ木、平潟③：子どもの頃の遊び／波崎④：雷の話、波崎⑤：正月の行事

五県の二年間の取り組みで、全四一地点（のべ四二地点）の八〇談話を記録、公表することができた。二四年度は、各県で多くの震災に関わる談話が記録されている。東日本大震災から一〜二年という時期であり、震災を記録し、伝えることに各県が注力したことの現れである。それに比べると、Bの「民俗・日々の暮らし」の談話は少ないが、三県で方言についての談話が記録されている。二五年度は、談話総数は二四年度よりも少なくなったが、民俗・暮らしに関する談話が多くなり、内容としても様々な暮らしの一面が収集されたと言える。なお、二五年度には青森と宮城の談話がないが、これは青森の取り組みでは岩手県田老における被災経験の談話が記録されたためであり、宮城では自然談話ではなく、気仙沼市と名取市の日常の百の場面の会話集を作成するという取り組みを行ったことによる。この百の会話についてはここでは取り上げないが、自然談話とは異なるものの、場面設定会話という形式・方法で日常の暮らしを伝えているものであると言えよう。（詳しくは本書「第四章　言語生活の記録」をご覧いただきたい。）

　これらの談話資料そのものを見ると、震災については地域は違っても震災経験に共通点があることがわかった。また、民俗や日々の暮らしの談話からは、地域による民俗行事の違いや日々の様々な暮らしの一面を知ることができ、方言談話という形による民俗資料と言えるものであった。そこで、八〇談話を語られた内容で分類すると次のとおりである。なお、談話のより具体的な内容やそれぞれの内容がどの談話で語られているかについては、紙幅の都合により省略する。

A：震災の記憶・記録

（1）地震・震災についての談話…(a)地震が起きたときの行動・状況／(b)地震直後の行動・状況／(c)地震の後、避難先等での行動・状況や生活／(d)昔の人の知恵／(e)東日本大震災からの教訓

（2）津波・液状化についての談話…(a)津波の様子、被害／(b)液状化現象の様子／(c)津波からの避難行動／(d)昭和三陸大津波(昭和八年)の記憶／(e)チリ地震の津波の経験／(f)津波の経験と先人の知恵(その1)：てんでんこ／(g)津波の経験と先人の知恵(その2)：備え／(h)津波への油断／(i)教訓、今後への備え

（3）福島原発事故にかかわる談話…(a)原発による避難行動／(b)原発による避難先での

暮らし／(c)原発事故と放射能汚染・風評被害
(4)震災と助け合い、支援活動
(5)震災と地域の将来

B：民俗・日々の暮らし
(1)日常の暮らし(農業や漁業の今、昔、変化)
(2)年中行事、地域の行事、冠婚葬祭、慣習(今、昔、変化や地域差)
(3)昔の子どもの遊び
(4)方言について…(a)震災と方言／(b)方言に対する考え・評価や時代の変化など／(c)具体的な方言、方言の違い

方言談話の内容は、地震そのものや津波に関わる話が多く、内容も多様である。各地の談話があり、その数も多いからである。同様に、方言に関わる談話も多く、内容もいろいろである。一方、日々の暮らしや民俗に関する話は、内容に偏りが見られ、その数も少ない。福島原発事故に関わる談話も同様である。八〇の談話にはこのような内容的な特色・傾向がある。それを踏まえつつ、次節では茨城と福島のいくつかの震災と民俗の談話そのものを見ていく。震災談話では主に各地の談話と共通する点(被災体験の共通性)にも触

れる。民俗の談話では各地の民俗の多様性の一端に触れる。なお、紹介できる談話はほんの一部分にすぎないので、談話全体や他の談話については、末尾の「文献」欄に示した各県の報告書や文化庁ホームページでの報告をご覧いただきたい。

三　震災の記憶・記録の談話、民俗の談話

震災の記憶・記録として茨城県北茨城市大津町、東茨城郡大洗町、福島県双葉郡双葉町の談話を取り上げる。民俗では小正月の行事の談話に注目して、双葉町と北茨城市平潟の談話の一部を示す。そして、他地域の談話にも触れながら、震災と民俗を談話をとおして見ていく。談話の表記の仕方は次のとおりである。談話の共通語訳は省略した。

《談話の表記の仕方》

・文節（句）と文節（句）の間を概ね一字あけにし、適宜、句読点を付す。
・原則として平仮名・漢字交じり文で表す。ガ行鼻濁音はカタカナのガ行で、助詞ハ・ヘ・ヲ（発音は「ワ・エ・オ」）は「は・へ・を」で、入り渡り鼻音は「ん」で表す。
・地名等の固有名は、最初に出てきたものは「かな（漢字）」で表し、二度目以降は同

じ発音の場合は漢字表記のみとする。
・はっきり聞き取れない発音等については、発音（またはその意味）の表記の傍らに破線を付し、発音も意味も不明な場合は「××…」のように示す。
・元の談話の中の言いよどみ、発話の重なりの表示と一部の相槌は省略した。
・適宜、［　］中に助詞等を、（　）中に漢字・意味を補った。

【1】大津町①：地震の時の話
（話し手A、B、C、Dは七〇代の女性（収録時）、Eは調査員。屋号はX・Y）
C：あたしなんかは　もー少し　遅かったら　津波に　遭っちゃったのねー。〈中略〉
その　転居さぎ（先）の　用事を　済まして　大津の　うちに　戻って　運転中だったの。（Aやーだ）そしたら　のグち（野口）あの　記念館の　前で　〔相槌〕ゴドゴド　ゴトゴトって　ゆーの。（Aあー　あーんた　そりゃ　大変だ）あれっ（Aんー）なんかおかしー。パンクしたんかなー　なんつってー、〔A笑〕んで　止めでー、あの　そのー　はじ（端）へ　止めで　パンク　見てみっかーっつーうちに、ばーっとぼっとぼっとぼっとおっとおっとっつったら、（Dんー。そーだねっ）電線から　なにから（Aんーんー）瓦から（Aんーんー）ばーんと　飛んで「うあー　地震だー」っつって。ほで　収まったとたんに（Aん）運転しだして　夢中。（Aんー）｛AD笑｝信号も　なにも　わがんね、そんなの。だーんと　来て（Aんー）ここの前　通ったら　みーんなXやら　あのYかい。｛相槌｝あのYブロックべー（塀）。（Aんー　みんな　倒れてる）（D崩れてたもんね××××）（B××××）みーんな　もー　そこ　どー　通ったか　わがんないんだよ。（Dんー）あの　運転　へたなのが。｛D笑｝どーやって　運転したんだかわかんないよーに　うちー（家に）戻っちゃったの。うじ（家）は　たかだい（高台）だから。

〈中略〉

D：寒かったよね　なんつってもね。

〈中略〉

A：ん［それ］で［避難先の小学校の］教室ガね　床でしょ。（Eそーですね）そしてね段ボールガ　ひ（敷）ーてあるんですよ。んー　でも　こーに　どーにも　なんない××。（Dんー）カーテンガ　全部　はずしてあったの。（Dんー）その　カーテン［を］ひーて　くるまってー。〈中略〉いやー　ほんと［に］［避難した人が］びっしりだがらね、あの　教室　しと（一）つ［に］。

〈中略〉

C：あのー　ガスだけは　使えたからね。（Aんー　あー）停電　なっても（Aんー　ガス）あの　あの　土鍋でー（Aんー）ご飯　炊いで、娘［が］ご飯　ばーちゃん［に］これ持ってってやってみなー、で　様子　見てきてみなーっつから、こんだ（今度は）息子も　くるまい（車を）運転してさー（Aんー）息子が。ほして　行って　おにギり　やったら、いやー　ありガてーっつって、うじ（家）に　居たかった、しとばん（一晩）しか［避難所に］泊まんねんで　うじー（家に）帰って　二階で［老夫婦が二人で夜を過ごしていた。］〈後略〉

大津町②：チリ津波の経験談と今回の津波の時の話

A：あの　チリ津波のどき（時）［を］見てるんですよ、｛相槌｝ここ。〈中略〉［波が引くと］みんな　おじちゃんら［が］［鮑を採りに］行くんだわー　湾ー［の］中さ。そーすっと　ほら［波が］来たぞーっつと　みんな　逃げでくるわけ。（Dんー）うーちの前くらいまで　ちょろちょろって　津波ガ　来たの。大きぐなかった　そんな××。（Cんでも　津波が　く（来）っとね×××）（Dあー　ねっ）もー　みんな　年寄りは　それを　見てたから　たいしたことねーと　思って。

B：んー　逃げなかったんだ。

〈中略〉

C：やー　おっかなかったよねー。んー　でもね、（Dおっかなかった）んー　あの　波ガ　真っ黒だよ。（Aすんごいんでしょ）真っ黒。（Aんー）おわーんと。

B：うち［は］ほら　高台だから（Aんー）ちっとも　そー　二階から　逃ゲて　降りてきて（Aんー）外［に］出たでしょ。そしたら　砂　砂嵐、（Aんー）（Dあー　んー）（Aへーえ）ばーって。頭に　砂が　かかんの。（Aへー）それで　前はね　もあーっと　白く｛相槌｝（Dあー）あのー　なんての　靄が　かかったみたいに。（Dんー　んー）（Aんー）水分と　埃と　なんかなのかなー　屋根の　埃とか。（Dんー）もあーっとして仁井田の　浜のほーは　霞が　かかったよーなの。（A・Dんー）そのうち［に］なんだっけ　あの　雪が　降ってきた。（Dんーん）しグ（時雨）れてきた。（Aんー）（Cそーしグれたんだ）ふーっと　寒くなって（A・Dんー）もー　あの瞬間の　あれは　思い出しても　ぞっとするね。〈中略〉　そのあと　あのー［津波が］来たわけだよね。

〈中略〉

C：うち［は］あの　ほらー　むんめ（娘）んちでは　船［を］出したんだっぺよ。（A・Dんー）んで　トラックは　トラック［を］そこさ　置いて（A置いて　あー　そーか）船　出したっつーから、（Bんー　そーだっぺよ）娘［は］まさか　トラック［を］取りには（Bんー）行ってらんめーよ。（Aんー）行がねで　正解だっぺよねー。トラック［は］そのまま　流されちゃったけども（Aんー）ねっ　船は（D××××）助かったからね。〈後略〉

大津町①では、地震が起きたその時、すぐには地震だと気付かず、自動車のパンクかと思ったと言っている。同様の話は、名取市の談話にもある。その後の行動は夢中で覚えていなかったこと、つまりパニックに似た状況だったことや、屋根瓦が飛ぶなどの周囲の状況についても、複数の談話に見られる。避難所等が寒かったという避難直後の状況は、大船渡市、南三陸町①、七ヶ浜町、葛尾村①等の話にもある。また、地震で電気水道が使えなかったが、ガスが使えて助かったことも、六ヶ所村を始め各地の談話にあり、電気に頼らないものや昔の人の知恵が、緊急時に役立つことを教えてくれている。川の水や井戸水を使った・役立ったという経験談も各地で見られる。

大津町②では、チリ地震の津波の経験が「大したことはないだろう」という思い込みにつながり、津波からの避難に遅れが生じたことが語られている。明治・昭和の三陸沖地震による津波の経験でも、備えにつながったという一方で、油断を招いたことが、各地の談話で伝えられている。また大津波は、砂嵐に続いて真っ黒な波として襲ってきた。砂嵐のことは田老②に、黒い波については八戸市②、釜石市①、大船渡市、山元町等でも伝えられている。このように、青森から茨城にいたる広域を津波が同じように襲ったこと、またその時の恐怖を、方言談話によって私たちは一人一人の体験として知ることができる。

【2】大洗町②：震災直後の津波と避難のこと

（話し手A、Bは七〇代、Cは六〇代の女性（収録時）。話し手以外の人名はP）

B：結局　そのー　おーあらい（大洗）はね（Aうん）はち（始）め　しなん（避難）してください、だったぺよー。ところがね　こんだ（今度は）ね　しなん（Cせよ。ねー）せよ。しなんせよ。（C早く）そんで　みんなが　その　こい（声）ガ　すゴかったらしーよ。しなんせよガ。だがら　犠牲者は　一人も　出なかったわねー。これは　大したもんだよー。

〈中略〉

A：だから　どれほど［津波が］来たのかなっと　思ーくれーだっぺよー。んだって（Bそー）ねー　みんな［対応が］早がったっつったよー。

〈中略〉

B：第三波ガ　いがかった（大きかった）の。（Cそー）第一波は　三十分ゴ（後）に。地震

ガあった　三十分ゴに　第一波が　来たのね。（Aうーん）んで　一時間ゴに　第二波ガ　来たのね。そんで（Aあー）この　第三波が　いがかったの。これガ　にちかんゴ（二時間後）だったの。これガ。〈中略〉うじげ（私の家）は　逃げっとご［が］あっから、おばーさんげ（おばあさんの家）ガ。（Aそーそー　たが（高）いとこさ　え（行）っちゃえばね）あそこさ　しなんしたから。

〈中略〉

A：あそこ［おばあさんの家］空いてんだものねー。（Bそー　そー）あー。あそこまでは［津波が］行ったら　も　全滅だもんね。（Bそー）どこもかこもね。

B：あそこまで　行ったら　もー（Aそーそーそーそー）全滅だよ。

C：大洗の　町［が］なぐなっちゃう。

この談話の大洗町では、「避難せよ」という呼びかけによって人も船も素早い対応ができ、被害を最小限にすることができたことが語られている。一方、停電で役場からの津波情報がなかったために亡くなった人がいるのではないかという田老④の話などもある。また避難では、自分の命が助かるための避難訓練と「すぐに逃げろ」の一言が重要だという釜石市①の談話もある。釜石①ではまた、津波から身を守るための「命てんでんこ」

と「三十分ルール」の話があり、避難の在り方や行政の防災対策を考える上での、経験に基づく貴重な示唆となっている。津波の第一波より二波が大きかったことはおいらせ町①②、八戸市①にも出てきている。大洗町の第三波が大きかったことと同様に、後から来る波の危険性を伝えるものである。引く波の怖さを伝える釜石市②の談話などとともに、今後に活かされるべき貴重な体験談と言えよう。

【3】双葉町①：避難の話

（話し手Aは七〇代男性、Bは七〇代女性（収録時）、Cは調査員）

A：ほんじわ（それでは）なんて　ゆってるうち［に］東電　爆発しただなー、あれは　あの頃。あのめー（前）に［爆発］しただか××××××。こーさ（ここに）いらんねーな、んじゃー　おら（俺）も　行ぐっぺなんてー　かーまだ（川俣）方面［に］向かってー一一四号線　だっど　のぼって行ったのよ。××××津島さ　行ったら　はー　自動車いゴ（動）かねーど　あー。（Cあ　渋滞で）渋滞で。ほんでは　しょーねーとも（思）って　山しとつ（一つ）越せばぇ　おらの　ばっぱ（祖母）の　実家のほーだがらー、どーせ　あんぶら（ガソリン）もねーがら　はー　向こーさ××××も　さが（坂）のぼってあと　くんだれば　はー　おらの　ばっぱの　実家のほーだから、そごさ　行げば　な

んとかなっぺと　思って　行ったら、だって　そこさ　行ってー　では　きょーは　泊まっぺやー　なんて　言ってー、ほーして　そいつあ（は）かずろ（葛尾）ってゆーとこだ、（Cはい）んー。ほーして　今度あ　そこで　んーと　二・三ちかん（時間）休んでー夜の　みし（飯）ご馳走んなって（Cんー）ほいでぁー　酒　出すか　なんて　やっちゃれちゃ（言われた）けどー、やー　きょーは　なんしょたくば（どうなるか）わかんねからさー　いらねーなんつってー　いー（言）ったらばー、（Cえー）今度ー　かずろの役場のほーがら　こごも　あんぶねー（危ない）がら｛C相槌｝どっこさ　逃ゲろって。（Cえー）ほんじ　あのー　みやこじ（都路）さ　行ったの。都路さ　行ってがら　今度は　そっから　んーと　あつま（あづま）球場さ　行ってー、そーで、

C：たいく（体育）館じゃなくて　球場？

A：んー　あづま球場。［そこ］さ　行って、あづま球場さ　三日ぐれー　い（居）でがら今度　会津さ　行っただなー。

C：会津は　ずいぶん　遠いんじゃないですかー？

A：会津［は］遠いがったー。〈中略〉んー［川西小学校が］しなんじょ（避難所）に開放されてて　そしてー　ほん時あ　はー　ふたば（双葉）の　しと（人）で　なくて、

B：そっから　二週間くれー　いたかー？

Ａ：いたなー。かずろー村の　しとー（人）と　いっしょにー（Ｃえー）いたのよ。そこで
　二週間ぐれー　いてー、ほしてー　テレビ　見てたらばー（Ｃえー）このー　双葉の
　しとガ　かーまだ（川俣）がらー　こっちの［埼玉］スーパーアリーナさ　移動するなん
　てゆー（Ｃえーえー　そーですねー）ゆーの　テレビで　映ったのよー。はーて　ほん
　じは　おらも　あっちゃ（あっちに）スーパーアリーナさ　行ぐっぺーと　思ってー
　あぶらはー　ねがったけっちょも［埼玉に行った。］〈後略〉

原発二〇キロメートル圏内への避難指示が出てから、実際にどのように避難したかという話である。葛尾村①にも同様の談話がある。語られているのは短期間に避難先を転々とせざるを得なかった状況であり、それは地震や津波による被害とは全く異質であることがわかる。また、避難先での暮らしの談話である浪江町②では、避難直後から時間の経過とともに変化する心情を知ることができる。平成二六年一二月二六日復興庁発表の東日本大震災による避難者数を見ると、福島県は七五、四四〇人（うち県外避難者は四五、九三四人）で同年六月以降は最も多数の県となっている。この多数の方々の避難状況の一面も、談話が方言で語られていることによって、現実感をもって私たちに伝わってくる。

【4】小正月の飾りについての談話

双葉町③：正月飾り、小正月の稲穂つけの話

（話し手：Aは七〇代の男性、Bは七〇代の女性（収録時）、Cは調査員）

B：一月の　一三日［は］いなぼ（稲穂）つけ。〈中略〉

A：んー　あー　いなぼつけなんてぁ　こしょーガつ（小正月）に　ほんなの　やんだな（やるんだな）。〈中略〉　こーはぐ（紅白）の　もじ（餅）ー（Cえー　紅白）もじ（餅）もじ　ちんと（ちょっと）搗いでー　そしてー　しろもち（白餅）ー、

B：ちんちゃく　切ってー　木ーさ　つけんだ、こー　ピチーッと　こーな。（Aそーだ）ピターッと　ねばす（つける）、ちっちゃく　切ってー。〈中略〉　ピターッと　ねばせば　いーだ　木ーさ。

〈中略〉

A：まい（前）のとし（年）にー　にっこ（根）切っておくちゅと、にっこでね　古い木ー（Cんー）切っとくちとー、新芽ガ　あげー（赤い）あいつガ　出てくんのよー。（Cえーえー　えー）そいつをー　やわいって　いーあんべ（塩梅）いーあんべ　んー　かっこ（格好）の　いーよなとこ　ポツンと　切っちきて、そいつを　ぶら下ゲんのよ。

C：あ　ぶら下げるんですか。

A：んー。木ー　んだがらー　神様の×××あたりさ　くっつけてー、そーして　こーなったとごさー　この　もじ（餅）ペッタペッタペッタペッタ　つけんのよ。〈中略〉神棚の　柱さー　の（Cえー）そばさ　ゆ（結）わいだだったがらー、そいつさ。ふんだから　なんだ　あれは、もなが（最中）の皮　つぐ（作）るやずで　だるま　できたりなんだり　そんなやつーを　煎餅だのなんだ　下ゲて。〈後略〉

平潟②：小正月の嫁の里帰りとナリ木
（話し手：Aは七〇代の男性、Bは調査員）
A：［小正月の飾りは］ナリき（木）って　ゆーんだよな。（Bそーですね）ナリき（木）って　うじ（家）で　やったんだよ。（Bんー）〈中略〉（餅の形は）細なガ（長）いんだよ。その　その　木さ　こー　やったの。あの　丸い　やずでねーからね。（Bえー）［餅を］細ながく　切ってー（Bえー）そんで　こー　くるくるくる　丸めたんだ　木に。〈中略〉　んー、んー　紅白の　餅でー（Bえー）結局は　この木に　こー　丸めで（Bあー）やったともった（思った）なー。たぶん　もー　おや（俺ら）の　おえ（俺）より　とー（十）くれ　下［の人は］もー　やってめー。〈中略〉　子どものごろは　やったの。あのー　けっきょぐ（結局）あ　あの　とこなめ（床の間）に　飾ってねー。（Bはい）床

の間に　飾ったんですよ。〈後略〉

小正月の時期の行事として繭玉に当たるものを双葉町では「イナボッケ（稲穂つけ）」と言い、平潟では「ナリキ（なり木）」と言って、それぞれ餅のつけ方や飾り方の違いがあることがわかる。未報告の談話ではあるが、短冊状の紅白の餅を枝にぶら下げる「稲穂餅」（浪江町）もある。また、波崎⑤では繭玉はやらないが、燃やした注連縄と餡子の豆の皮を混ぜて家の周りに撒くという魔除けの民俗行事が一月一五日に行われているという。福島県浜通りから茨城県沿岸部の数地点だけでも、小正月の時期の民俗とその違いを、談話という手段によって生き生きとしたものとして知ることができる。これらの民俗はそれぞれの地域や家庭で受け継がれてきたものが、平潟②の中にもあるように、少し下の世代では知らない、わからないという状況になってきているものでもある。より広範な地域で早急に、談話としても様々な民俗が記録・保存されるべきだろう。

四　今後の課題

方言談話を内容で分類して概観したところ、大地震や津波に関わる様々な局面や側面について、各地の方々によって実に多様なことが語られていることがわかった。そして、異なる地域であっても、語られていることには共通点が多いこともわかった。それらには、防災・減災を考える上で、学ぶべきことが多く、その点からも貴重な談話資料となっている。もちろん、方言資料としても貴重であることは言うまでもない。とはいえ、東日本大震災は、地震の大きさにおいても、津波の大きさにおいても未曾有のものであり、この二年間に伝えられたことは、そのほんの一部でしかない。また、福島原発事故はこれまでに経験したことのないことだが、それに関わる談話は、地震そのものや津波についての談話に比べて著しく少ない。その理由の一つに、談話収録にご協力いただくことについて、私たちに遠慮やためらい、あるいは迷いがあるからだろう。しかし、ここで紹介したように、語ってくださる方々もあり、できることもある。被災地域の民俗や日々の暮らしについての談話も、取り組み始めたばかりだと言ってもいい状況である。したがって、今後も継続的に談話を記録し、談話資料として質も量も地域としても充実させていくことが、私たちの今後の課題である。そして、談話資料の蓄積と充実は多様な活用につながっていき、個々の談話資料の価値をさらに高めることにもなるであろう。

文献

茨城大学（二〇一三）『文化庁委託事業報告書　東日本大震災において危機的な状況が危惧される方言の実態に関する調査研究事業（茨城県）』
岩手大学（二〇一三）『文化庁委託事業報告書　東日本大震災において危機的状況が危惧される方言の実態に関する調査研究（岩手県）』
東北大学方言研究センター（二〇一二）『方言を救う、方言で救う―3.11被災地からの提言―』ひつじ書房
東北大学方言研究センター（二〇一三）『伝える、励ます、学ぶ、被災地方言会話集―宮城県沿岸15市町―』
弘前学院大学（二〇一三）『文化庁委託事業報告書　危機的な状況が危惧される方言の実態に関する調査研究事業（青森県）』
福島大学（二〇一三）『文化庁委託事業報告書　東日本大震災において危機的状況が危惧される方言の実態に関する調査研究事業（福島県）』
文化庁ホームページ http://www.bunka.go.jp/kokugo_nihongo/kokugo_sisaku/kikigengo/
＊右記の他、本章では各県を中心に配布されている、茨城大学（二〇一四）『文化庁委託事業報告書　方言がつなぐ地域と暮らし・方言で語り継ぐ震災の記憶』、岩手大学（二〇一四）「文化庁委託事業報告　『三陸の声を次世代に残そう』プロジェクト」、弘前学院大学（二〇一四）『文化庁委託事業報告書　発信！　方言の魅力―体験する青森県の方言―』、福島大学（二〇一四）『文化庁委託事業報告書　福島県内被災地方言情報のweb発信』を参照した。

第四章　言語生活の記録
―生活を伝える方言会話集―

小林　隆・内間早俊・坂喜美佳・佐藤亜実

一　伝えるための記録

方言を伝えるとはどういうことか。私たちはすでに『方言を救う、方言で救う』（東北大学方言研究センター、二〇一二）の中で一つの考えを述べている。つまり、「記録」と「継承」という二つの意味が「伝える」には含まれると考える。「記録」は方言を書き写したり録音したりして後世に伝えること、「継承」は次の世代が方言を話せるように伝えることである。

このうち、「継承」の方が「記録」より取り組みが難しいであろう。方言を若い人たちが学ぶシステム、つまり、学習の体制や教材の準備を整える必要がある。何よりも方言継承に向けた地域住民との共通理解を形成しなければならない。そのためには、地域の人々

『生活を伝える被災地方言会話集』
（東北大学方言研究センター 2014）

に方言の価値を理解してもらい、方言を残そうという積極的な意欲を持ってもらう必要がある。研究者の独りよがりでは方言の継承は難しい。

それに比べて、「記録」の方は研究者が独自の判断で行うことができる。そもそも「記録」は「継承」に向けた資源の確保にあたる。次世代へ方言を教えるには、そのための教材としても、充実した記録が必要となる。現在、被災地域の方言は、従来からの共通語化と震災による地域社会の変化との二重の影響によって衰退の速度を速めている。「継承」に向けた地域の人々の意識を育てながら、一方で、「記録」の取り組みを加速させることが急務である。

ところで今、方言の「記録」は研究者

の独自の判断で行えると述べた。それだけに、「記録」に対する研究者の責任は重い。どのような「記録」を残すべきかが問われることになる。独自の判断といっても、方言の「継承」につながるものでなければ、やはり研究者の独りよがりに陥ってしまう。

ここでは、私たちが数年前から行っている取り組みを紹介することにしよう。すなわち、「言語生活を伝える方言会話の記録」である。具体的には、その成果である『生活を伝える被災地方言会話集─宮城県気仙沼市・名取市の一〇〇場面会話─』（東北大学方言研究センター、二〇一四）を取り上げ、方言の継承を見据えた会話の記録方法を提案したい。

二　会話で残す言語生活

方言会話の記録には、テーマや場面の設定のしかたによって、大きく次の二つの種類がある。

自由会話：特にテーマを決めず、または提示したテーマをめぐって、話者たちが自由に語り合うもの。

場面設定会話：特定の場面を設定し、その場面にふさわしい会話を、話者同士の演技によって行うもの。

『伝える、励ます、学ぶ、被災地方言会話集』（東北大学方言研究センター 2013）

前者の「自由会話」は座談会風の会話であり、話者たちに自由に話をしてもらう形態である。テーマ（話題）を提示し、それについて語り合ってもらう場合もある。私たちが先に作成した『伝える、励ます、学ぶ、被災地方言会話集―宮城県沿岸十五市町―』（東北大学方言研究センター、二〇一三）では、震災の体験を一つのテーマに据えた。このように、テーマを決める場合でも、会話自体は話者が自由に展開できるので、多少の演技めいたところはあっても自然会話に近い状態のものが収録できる。

一方、後者の「場面設定会話」は具体的な場面を設定し、擬似的に会話を行ってもらう形態である。例えば、朝、道で出会う場面を提示し、話者たちがあたかもその場にいるかのようなやりとりをしてもらう。したがって、この方式は自由会話に比べるとかなり演技性の高いものとなる。その点では話者たちの演技力が会話の出来不出来に大きく関わることにもなる。

このように、「自由会話」と「場面設定会話」とでは、前者がより自然会話に近いと言える。そのためか、『全国方言談話データベース　日本のふるさとことば集成』（国立国語研究所編、二〇〇一～二〇〇八）など、これまでの主要な会話資料は、「自由会話」の形態が「場面設定会話」の形態よりも明らかに多い。

収録された会話が自然なものに近いことは、記録資料の条件として当然のことである。その点で、自由会話が場面設定会話に優先されることはもっともだと言える。しかし、見方を変えてみると、演技性の高い場面設定会話であっても、自由会話には現れにくい言語現象を広く把握できるという大きな利点がある。

例えば、発音やアクセントの特徴などは自由会話によっても十分観察できるはずである。文法も一部は把握が可能であろう。しかし、言語行動といった分野になると、そのバリエーションを自由会話によって拾い上げることは難しくなる。例えば、何かを頼む、受け入れる、断る、あるいは、感謝する、詫びる、褒める、けなす等々、そういった言語行動が自由会話に現れる機会はほとんどないのではないかと思われる。

自由会話という記録形態に足りない部分があるとすれば、この点であろう。語り合いが自由会話の特徴である以上、そのやりとりは説明的なものとなりやすく、相手に働きかけるような表現が現れにくい。座談会風の会話であるために、実際の行動の中で行われる話者同士のやりとり、すなわち言語行動についての情報が少ないのである。

方言の継承につながる会話の記録ということを考えたときに、言語行動についての情報が乏しいことは大いに問題である。継承が実際の使用を意味するものだとすれば、そのための記録は、日常的な言語生活を彷彿とさせるものであるべきである。日ごろの生活のいろいろな場面で行われるやりとりを記録してこそ、多様な方言の使い方を後世に伝えることができる。さまざまな言語行動を把握できる会話資料は、地域の言語生活を伝える記録として有効であると言えよう。

それでは、そうした日常的な言語生活が再現される会話の記録とはどのようなものか。それは、日常生活のさまざまな場面を切り取った会話資料ということになるだろう。つまり、場面設定会話である。場面設定会話はこの点において自由会話より優れていると言える。

三　言語行動の目的に沿って

ここまで検討して来たことを踏まえると、方言会話の記録にあたっては、自由会話だけでなく場面設定会話の重要性が見えてくる。そうした考えに基づいて、私たちは、先に作成した『伝える、励ます、学ぶ、被災地方言会話集』の中に、自由会話とともに十五項目の場面設定会話を盛り込んだ。しかし、それは徹底的なものではなかった。そこで、次に取り組んだ『生活を伝える被災地方言会話集』は、全体を場面設定会話で構成することにした。

ところで、「場面設定会話」とひとくちに言っても、場所、時、話者等、何を重視して設定するかによっていくつかの観点がありうる。例えば、『方言談話資料』（国立国語研究所編、一九七八〜一九八七）では、「老年層（同士）の会話」や「老年層と若年層の会話」を収録している。これは場面を構成する要素のうち、話者同士の関係を変えながら会話のバリエーションを見ようとしたものと言える。

そのような方法もありうるが、ここでは場面の構成要素の中で、何をする場面なのかという内容面に注目することにした。すなわち、「言語行動の目的に沿った場面設定」である。例えば、何かを頼む、受け入れる、断る、あるいは、感謝する、詫びる、褒める、けなすといった言語行動の目的に応じて場面を用意するという方式である。

さて、このような方式で場面設定を行うためには、まず、言語行動の目的を網羅的に洗い出し、体系化を図っておく必要がある。そのため、ここでは全体を大きく九つのグループに分けたかたちで言語行動の目的を分類するような試案を作成した。次に掲げるリスト1がそれである。

【リスト1　目的別言語行動の枠組み】

1. 要求表明系（＝要求を述べる）
頼む、従わせる、誘う、同意を求める、許可を求める、許しを請う、禁止する、やめさせる、注意する…

2. 要求反応系（＝要求に答える）
受け入れる、従う、同意する、許可する、許す、断る、保留する…

3. 恩恵表明系（＝恩恵を与える）
申し出る、勧める、忠告する…

4. 恩恵反応系（＝恩恵に答える）
受け入れる、断る、遠慮する、保留する…

5. 疑問表明系（＝疑問を述べる）
尋ねる、確認する、不審がる…
6. 疑問反応系（＝疑問に答える）
答える、肯定する、否定する、教える、保留する…
7. 感情表明系（＝感情を伝える）
謝る、詫びる、感謝する、恐縮する、褒める、けなす、叱る、励ます、応援する、なぐさめる、気遣う、ねぎらう、心配する、非難する、不満を言う、愚痴を言う、歎く、後悔する、反発する、自慢する、謙遜する、強がる、痛がる、暑がる、寒がる、迷う、疑う、驚く、喜ぶ、怒る、困る、困惑する、がっかりする、呆れる、おもしろがる、からかう、祝う、弔う…
8. 主張表明系（＝主張を述べる）
説明する、主張する、言い張る、賛成する、反対する、反論する、言い訳する、共感する、打ち消す、修正する、追及する、打ち明ける、伝える…
9. 関係構築系（＝関係を結ぶ）
呼びかける、挨拶する、名乗る、自己紹介する、人を紹介する…

四　会話場面を設定する

前節で作成した目的別言語行動の枠組みに従って、今度は具体的な場面をどう設定するかが問題になる。

これについては、まず、右のような体系を網羅する場面設定が理想である。つまり、言語行動の目的としてリストアップした項目のすべてについて、それらの実際の言語行動の様子を観察できるような場面を用意しなければいけない。これは、目的別言語行動の枠組みに基づいた徹底的な場面設定を行うということである。

今回私たちが実際に行った場面設定においても、こうした方針を実現できるように努めた。すなわち、設定した場面は七五場面と多く、「荷物運びを頼む」場面のように、相手の反応として「受け入れる／断る」という二つの状況を収録しているものを別々に数えると八五場面となる（さらに、男女の話者の役割を交替する場面も含めて最終的に約一〇〇場面）。また、この「荷物運びを頼む」の例で言えば、現実の会話の中には〈頼む〉〈受け入れる〉〈断る〉といったその場面の中核をなす言語行動のほかに、〈挨拶する〉〈気遣う〉〈恐縮する〉〈感謝する〉などといった付随的な言語行動（表現）も現れる可能性があり、実際に観察可能な言語行動の種類はさらに増えることになる。

こうした方法で言語行動の目的を網羅する場面設定を行うことは重要である。しかし、実際、具体的に考えようとすると、それらの言語行動の項目と実際の場面とをどのようにつなぐかという難しい問題が待ち構えている。つまり、それぞれの言語行動について具体的な場面を考えようとすると、非常に多くの場面が想定されてしまう。例えば、〈頼む〉という言語行動を例にとれば、誰が誰に対して頼むのか、いつどこでどんな状況で頼むのか、どんな内容を頼むのか等々、〈頼む〉という目的以外のさまざまな要素を確定しないと、実際の場面設定を行えないことになってしまう。〈頼む〉といっても、それらの要素をどのように組み合わせるかによって、ありとあらゆる具体的な場面が描けてしまうわけである。

こうした問題をどうするか、今すぐ答えることは難しい。時間と労力が許せば、そうした「ありとあらゆる場面」を網羅的、かつ徹底的に記録することが必要である。しかし、それは理想であり、現実には難しいであろう。そこで、今回は言語行動の目的をなるべく多く把握することを優先し、場面の細分化には積極的には踏み込まなかった。

ただし、例えば〈頼む〉であれば、「荷物運びを頼む」「お金を借りる」「役員を依頼する」と三つの場面を設定している。これは、依頼内容の軽重や私的・公的の違いなどによって会話の様相が変わる可能性が高いと考えたからである。このように、同じ言語行動の目的に分類される場合でも、その内容面で複数の場面を設けたケースもある。また、「9．関係構築系」に分類した〈挨拶する〉については、いつ、どこで、誰に対して、どんな内容でといった観点から細分化し、複数の場面設定を行った。

その他、話者の条件については全体的に統一を図った。つまり、高年層の男女一名ずつに話者になってもらい、基本的に近所の友人同士、ないしは夫婦という設定で会話をしてもらった。

さて、以上のような方針で具体的に設定した場面をリスト2として提示する。なお、リスト1の九つの「系」のうち、「要求表明系」と「要求反応系」のようにセットで会話されることが多いものは、両者を組み合わせて場面を設定した。例えば、〈頼む―受け入れる／断る〉や〈許可を求める―許可する〉などの例がそうである。

【リスト2　設定場面一覧】

Ⅰ．要求表明系―要求反応系

〈頼む―受け入れる／断る〉

1．荷物運びを頼む―受け入れる／断る

2．お金を借りる―受け入れる／断る

3．役員を依頼する―受け入れる

〈誘う―受け入れる／断る〉
4. 旅行へ誘う―受け入れる／断る
5. コンサートへ誘う―断る
〈許可を求める―許可する〉
6. 駐車の許可を求める―許可する
7. 訪問の許可を求める―許可する
〈同意を求める―同意する／同意しない〉
8. 人物を特定する―同意する／同意しない
9. 町内会費の値上げをもちかける―同意する／同意しない
〈やめさせる〉
10. 不法投棄をやめさせる
〈注意する〉
11. 車の危険を知らせる
12. 工事中であることを知らせる
13. 傘忘れを知らせる

II. 恩恵表明系―恩恵反応系
〈申し出る―受け入れる／断る〉
14. 荷物を持ってやる―受け入れる／断る
15. 野菜をおすそ分けする
16. ゴミ当番を交替してやる
〈勧める―受け入れる／断る〉
17. 食事を勧める―受け入れる／断る
18. 頭痛薬を勧める
〈忠告する〉
19. 入山を翻意させる
20. 病院の受診を促す

III. 疑問表明系―疑問反応系
〈尋ねる―答える〉
21. 傘の持ち主を尋ねる―相手の傘だった場合／相手の傘ではなかった場合
22. 店の場所を尋ねる

〈確認する〉
23. 開始時間を確認する

Ⅳ. 感情表明系

〈謝る―許す／非難する〉
24. お茶をこぼす
25. 約束の時間に遅刻する―許す／非難する

〈褒める〉
26. 孫の大学合格を褒める

〈励ます〉
27. のど自慢への出演を励ます

〈祝う〉
28. 道端で息子の結婚を祝う
29. のど自慢での優勝を祝う

〈弔う〉
30. 道端で兄弟を弔う

〈なぐさめる〉
31. のど自慢での不合格を慰める
32. 寂しくなった相手をなぐさめる

〈気遣う〉
33. 足をくじいた相手を気遣う
34. 孫が最下位になったことを気遣う

〈非難する〉
35. ゴミ出しの違反を非難する―従う場合／従わない場合

〈ねぎらう〉
36. 退任した区長をねぎらう

〈困る〉
37. 車を出せずに困る

〈喜ぶ〉
38. 孫が一等になり喜ぶ

〈がっかりする〉
39. 孫が一等を逃しがっかりする

〈叱る〉
40. タバコをやめない夫を叱責する

〈疑う〉
41. タバコのことを隠している夫を疑う
〈迷う〉
42. 畑の処理を迷う
〈心配する〉
43. 帰宅の遅い孫を心配する
〈驚く〉
44. 花瓶を倒す

V. 主張表明系

〈説明する〉
45. 会合を中座する
〈言い張る〉
46. メガネを探す

VI. 関係構築系

〈朝の挨拶〉
47. 朝、道端で出会う
48. 朝、家族と顔を合わせる
〈昼の挨拶〉
49. 昼、道端で出会う
〈夕方の挨拶〉
50. 夕方、道端で出会う
〈夜の挨拶〉
51. 夜、道端で出会う
〈就寝の挨拶〉
52. 夜、家族より先に寝る
〈天候の挨拶〉
53. 晴れの日に、道端で出会う
54. 雨の日に、道端で出会う
55. 暑い日に、道端で出会う
56. 寒い日に、道端で出会う
〈時候の挨拶〉
57. 正月の三が日に、道端で出会う
58. 大晦日に、道端で出会う
59. お盆に、道端で出会う

〈訪問・辞去の挨拶〉
60．友人宅を訪問する
61．友人宅を辞去する
62．商店に入る
63．商店を出る
〈出発・帰着の挨拶〉
64．友人が出かける
65．友人が帰ってくる
66．夫（妻）が出かける
67．夫（妻）が帰宅する
〈食事の挨拶〉
68．食事を始める
69．食事を終える
〈謝礼の挨拶〉
70．土産の礼を言う
71．相手の息子からの土産の礼を言う
〈祝儀の挨拶〉
72．息子の結婚式でお祝いを言う
73．喜寿の会でお祝いを言う
〈不祝儀の挨拶〉
74．兄弟の葬式でお弔いを言う
〈物売りの呼びかけ〉
75．客に声をかける

実際の調査においては、これらの場面をより具体的に解説する説明文を話者に提示している。紙数の都合でそれらのすべてをここに掲げることはできないが、一部を見本として示しておこう（説明文の全体像は『生活を伝える被災地方言会話集』ないし、小林隆・内間早俊・坂喜美佳・佐藤亜実（二〇一四）をご覧いただきたい）。

【設定場面の説明（見本）】

場面2. お金を借りる〈頼む―受け入れる／断る〉

（AとBは近所の友人同士）AとBは共通の知り合いであるCさんのお見舞いに行きます。病院に行く前に見舞いの品を買いにやってきました。品物を選んでお金を払おうと思ったところ、Bは手持ちのお金が足りないことに気付きました。そこで、一緒にいたAからお金を借りようと思います。そのときのやりとりを実演してみてください。

①Aが受け入れる場合。

②Aが断る場合：例えば、Aも手持ちのお金に余裕がなく、お金を貸すことができないという場合。

場面44. 花瓶を倒す〈驚く〉

AとBは夫婦です。Bは誤って花瓶を倒してしまいました。水がテーブルの上にみるみる広がり、床にもしたたっています。慌ててAに雑巾を持ってくるように頼みます。Bは不注意でよく花瓶を倒すので、Aはあきれ気味です。そうした一連のやりとりを実演してみてください。花瓶を倒して驚くところから始めてください。

五　記録された会話例

どのような会話が記録されたか、今回の収録地点である名取市と気仙沼市から一例ずつ紹介しよう。右に見本として設定場面の説明を掲げた「2．お金を借りる」と「44．花瓶を倒す」の場面である。ここには各会話の簡単な解説も付けておいた。

●名取市の会話　—場面2．「お金を借りる（相手が受け入れる場合）」

Ａ　女　一九四七（昭和二二）年生まれ（収録時六六歳）
Ｂ　男　一九四七（昭和二二）年生まれ（収録時六六歳）

001　Ｂ：イヤーイヤヤ　サイフンナガサ　カネ　イレテキタト　オモッタッケ
いやいや　財布の中に　金　入れてきたと　思ったら
ハイッテネガッタヤー。
入ってなかったよ。

002　Ａ：アヤ　ナンダベ。

あら　なんだろう。

003 B：アー　イヤ　ワルイゲッド　カシテケネガヤ。
あー　いや　悪いけれど　貸してくれないかな。

004 A：ンー　タブン　マニアウト　オモーカラ　イーヨ。
うん　多分　間に合うと　思うから　いいよ。

005 B：ン　カシテケロワ。アド　カエッタラ　スグ　モッテイッカラ。
うん　貸してくれよ。あと　帰ったら　すぐ　持っていくから。

006 A：ン。　イガス。
うん。いいです［よ］。

〈**解説**〉Bがお金を借りる設定である。Bの発話には、〈頼む〉という言語行動の中核をなす依頼表現として、003B「カシテケネガヤ」、005B「カシテケロワ」が現れている。また、001Ｂで、手持ちのお金が足りないことを事実として言い放っており、冒頭、感動詞の連呼「イヤーイヤヤ」によって極度の驚きを表現している。003Ｂに恐縮表現「ワルイゲッド」、005Ｂに保障表現「カエッタラ　スグ　モッテイッカラ」も認められる。一方、Ａの発話には、Ｂの依頼を〈受け入れる〉表現として、004Ａ「イーヨ」、006Ａ「イガス」が使用される。001Ｂに対する002Ａ「アヤ　ナンダベ」は困惑・呆れの表明と受け取られる。全体に簡単なやりとりであり、相手に対する気遣いが、共通語で予想されるほどは表現に強く表れていないようである。待遇形式の使用もほとんど見られない。

●気仙沼市の会話　—場面44：「花瓶を倒す」

Ａ女　一九四一（昭和一六）年生まれ（収録時七二歳）
Ｂ男　一九四〇（昭和一五）年生まれ（収録時七二歳）
※傍線は発話の重なりを示す。

001　Ｂ：ササササササ　マーダ　カビン　タオステシマッタヤー。
　　あららら　また　花瓶　倒してしまったよ。

002　A：ナニスナニス　マダ　コボシタノスカー。
なんですなんです　また　こぼしたんですか。

003　B：ウーン　ナンガ　シタノホーマデ　シミダヨーダナー。（Aバー）
うーん　なんか　下の方まで［水が］染みたようだな。（Aあー）
ゾージン　モッテコー。
雑巾　持ってこい。

004　A：ハイハイ　ナンットマダ　マダコボシテガラニー。（Bンダナー）
はいはい　なんとまた　またこぼしてからに。（Bそうだな）
ホントニホントニー。ホラ　ミズガー　ナンダベ　シタマデ　イッダネー。
本当に本当に。　ほら　水が　なんだろう　下まで　いったね。

005　B：コーコサー　イツモ　オグナッテ　ユッタンダゲントモ。デマドサ
ここに　いつも　置くなって　言ったんだけれども。出窓に

オイダライーンデネーノガ。
置いたらいいんではないのか。

006
A：デ　ココサ　オグノ　ワルイノネ。
では　ここに　置くの［が］悪いのね？

007
B：ウン。ダーレ　ホレ　ココ　シンブン　ヒロゲダリナンカ　スルドゴダモノ。
うん。なに　ほら　ここ　新聞　広げたりなんか　するところだもの。

008
A：イヤイヤー。バー　シタマデ　コレー　コンナニ　バーバー。タダミマデ
いやいや。あー　下まで　これ　こんなに　あーあー。畳まで
イッタガモー。
いったかも。

009
B：ンー　シカタネナ　イマドナッテナー。
うーん　仕方ないな　今となって［は］な。

010 A：タダミ　カワキヌクグテネ　コマッタヤー。
畳　乾きにくくてね　困ったな。

011 B：ホンデサ　アノー　コレガラ　デマドサ　オゲ。
それで［は］さ　あの　これから　出窓に　置け。

012 A：ンダネ　ホンデー（Bウン）オトーサンニ　コボサレッガラ　デマドサ
そうだね　それでは（Bうん）お父さんに　こぼされるから　出窓に
オグガラ。
置くから。

013 B：ウーン　ソノホ　イー。
うん　その方［が］いい。

〈解説〉Bが花瓶を倒す瞬間から会話を始めてもらったので、〈驚く〉という言語行動が行われている。001Ｂ「ササササササ　マーダ　カビン　タオステシマッタヤー」がそれである。感動詞「ササササササ」、文末形式「〜テシマッタヤ」という失敗の場面で使用される形式が観察される。Ａの発話の008Ａ「イヤイヤー。バー　シタマデ　コレー　コンナニ　バーバー」も驚きの表現であり、感動詞「イヤイヤ」「バー」が現れている。001Ｂの発話を受ける002Ａ「ナニスナニス　マダ　コボシタノスカー」にも驚きが表出されているが、〈呆れる〉〈非難する〉の意図も加わった表現である。その点は、004Ａ「ナンットマダ　マダコボシテガラニー」も同様である。Ａの発話に雑巾を要求する〈頼む〉言語行動も出現することが期待されたが、それに当たるのは003Ｂ「ゾージンモッテコー」であり、命令形式となっている。〈謝る〉も現れず、それに代わって005Ｂ「コーコサー　イツモ　オグナッテ　ユッタンダゲントモ。デマドサ　オイダライーンデネーノガ」のような〈非難する〉〈不満を言う〉言語行動が観察される。007Ｂ、009Ｂのような〈反発する〉〈言い張る〉言語行動も見られる。全般に開き直りの態度がＢの発話からうかがえる。010Ａ「タダミ　カワキヌクグテネ　コマッタヤー」は〈困惑する〉にあたる表現が得られたものである。

る。

六　これからのために

収録した方言会話は、冊子とWebで公開している。このうち、冊子は次のものである。

東北大学方言研究センター（二〇一四）『生活を伝える被災地方言会話集―宮城県気仙沼市・名取市の一〇〇場面会話―』東北大学国語学研究室、三八四頁

この冊子には、気仙沼市と名取市の場面設定会話を共通語訳付きの文字化データとして納めるとともに、実際の音声をCDにして添付してある。調査や資料作成の方法、および、各地域の方言会話を理解するのに最低限必要な方言概説も載せている。

Webでの公開は、東北大学方言研究センターが開設する「東日本大震災と方言ネット」で行っている。

http://www.sinsaihougen.jp/ センターの取り組み／生活を伝える被災地方言会話集／

そこには、冊子と同様に文字化データを載せるとともに、音声も場面ごとに分割してアップしてある。読者の方々にはぜひご覧の上、ご意見をいただければありがたい。

さて、ここでは、方言会話の記録方法として場面設定会話の有効性を指摘し、目的別言語行動の枠組みに基づいた会話の記録を提案した。地域の言語生活を後世に伝えるために

徒競走の様子を実演する調査スタッフ

徒競走の様子を見ながら会話する話者

は、今後ここで述べたような記録の試みが一つのモデルとなるであろう。

しかし、考えなければいけない課題も多い。「会話の自然性の確保」や「多様な話者の組み合わせの実現」は場面設定会話全般に通じる課題である。このうち前者については、今回、小道具の用意など、収録会場になるべく現実の場面に近い環境を作り上げようとした。例えば、右に紹介した「花瓶を倒す」場面では本物の花瓶を用意し、話者に倒す動作をしてもらっている。また、「孫が一等になり喜ぶ」場面では、写真のように調査スタッフの学生が実際に走る真似をし、話者にはそれを見ながら会話を行ってもらった。こうした工夫はより綿密に準備を行うことで、一定の効果を上げることが期待できる。

以上のほか、言語行動の視点から言語生活を記録するという目的から見たとき、さらに次のような課題も指摘できる。

①個人差の問題：言語行動のような言葉の運用面は個人差が出やすい。個人差を越えた、その地域の標準的な会話のあり方を記録するにはどうしたらよいか。

②場面の現実性：言語生活の「生活」という部分を掘り下げたい。具体的な場面をその土地の現実の暮らしに近づけるには、どんな方法論が必要になるか。

③動画映像の手助け：発話に伴う身体言語のありさまを把握するためにも、リアリティのある言語生活を記録するためにも、映像の力を借りるべきではないか。

これらの課題はすぐに認識できても、その解決は容易ではない。多くの研究者の知恵と協力が不可欠である。もし理解が得られるならば、「継承」を見据えた「記録」の一環として、地域の人々を巻き込んだ共同作業として取り組むことも考えられるであろう。

文献

国立国語研究所編（一九七八〜一九八七）『方言談話資料』全一〇巻、秀英出版

国立国語研究所編（二〇〇一〜二〇〇八）『全国方言談話データベース　日本のふるさとことば集成』全二〇巻、国書刊行会

小林隆・内間早俊・坂喜美佳・佐藤亜実（二〇一四）「言語行動の枠組みに基づく方言会話記録の試み」『東北

文化研究室紀要』五五
東北大学方言研究センター（二〇一二）『方言を救う、方言で救う―3.11被災地からの提言―』ひつじ書房
東北大学方言研究センター（二〇一三）『伝える、励ます、学ぶ、被災地方言会話集―宮城県沿岸十五市町―』東北大学国語学研究室（http://www.sinsaihougen.jp/センターの取り組み／伝える・励ます・学ぶ・被災地方言会話集／）
東北大学方言研究センター（二〇一四）『生活を伝える被災地方言会話集―宮城県気仙沼市・名取市の一〇〇場面会話―』東北大学国語学研究室（http://www.sinsaihougen.jp/センターの取り組み／生活を伝える被災地方言会話集／）

付記

この報告は小林・内間・坂喜・佐藤（二〇一四）を、一般の読者を意識して書き改めるとともに、新たな内容を加えたものである。

第三部　伝えるために学習材を作る

第五章　方言を掘り起こす―「岩手県郷土教育資料」とその学習材化の可能性―

小島聡子・竹田晃子

一　郷土教育運動と郷土調査

地域の言葉の重要性が、危機に瀕した共同体を再建する支えの一つとして、今、あらためて注目されている。しかし、方言を含む地域文化の力を活用しようとする取り組みは東日本大震災が初めてではない。本章で取り上げる昭和初期の資料もまた、世界大恐慌や昭和八年の大津波をはじめとする困難の中で疲弊した地域の力を取り戻すことを目指して行われた方言の調査記録である。そのような地域資産を掘り起こし、地域文化を学ぶ学習材としてあらためて光を当てる試みは、今や消滅の危機にある方言を後世につなぐ試みになると同時に、東日本大震災による津波で困難な現状にある被災地にとっては、昭和の大津波による苦難を乗り越えてきた八〇年前の郷土と強い絆でつながることになるのではないか。本章では、新たな地域教材の可能性を秘めた「岩手県郷土教育資料」群について紹介し、併せてその学習材化の方向について展望する。

昭和初期の東北地方では、「方言」は複雑な状況下にあった。世界大恐慌の影響で都会の失業者が次々と帰郷し、東北の農村部は作物の価格暴落にあえいでいた。さらに、岩手県は毎年のように繰り返される水害・干害・冷害・雪害や津波の被害によって壊滅的状況にあり、全域で復興が急務となっていた。そのような社会背景のもと、東北地方の教育現場では、標準語教育と方言矯正が行われる一方で、自然災害とそれに伴う大凶作や社会構造による貧困に立ち向かい、生きていくための強い生活力を培うべく地元教師の間から沸き起こった北方教育運動や、方言による生活綴方教育も行われていた。

北方教育運動とほぼ同時期に、似たような、しかし政府主導で推進された運動がある。「郷土教育運動」である。「郷土教育」は、地理教育の準備段階として導入された明治期を契機とし、大正期には郷土研究（民俗学）の隆盛を背景に柳田国男・新渡戸稲造らによる「郷土会」が郷土研究・郷土教育の必要性を説き、教科「郷土科」を提唱していた。昭和に入ると、一九三〇（昭和五）年に文部省嘱託の小田内通敏らを中心に郷土教育連盟が結成され、やがて「郷土教育運動」という形で文部省による教育改新の一部に組み込まれた。郷土へ関心を向けさせることで郷土愛を涵養し、郷土を救うという目的を掲げた

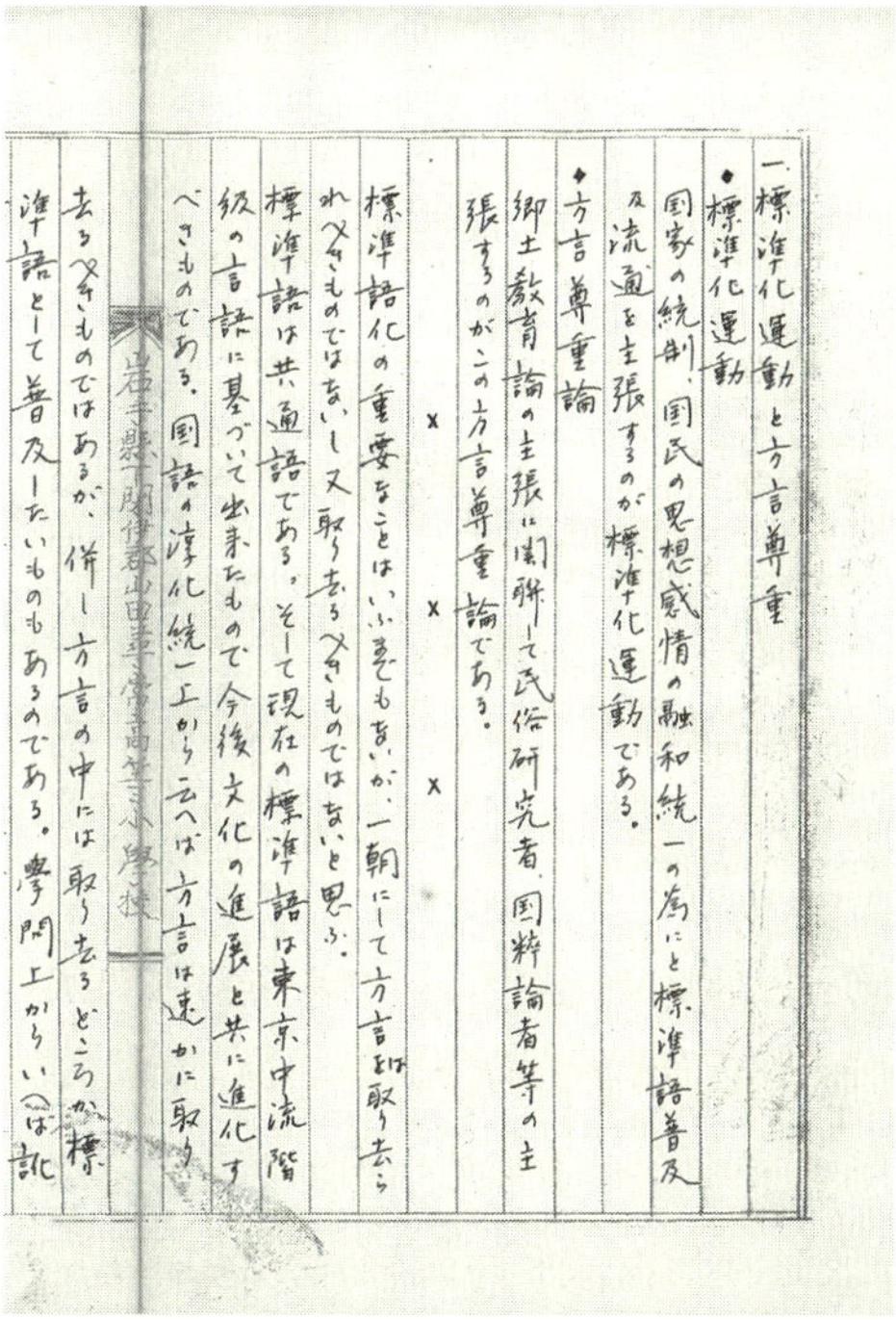
一、標準化運動と方言尊重
◆標準化運動
国家の統制、国民の思想感情の融和統一の為にと標準語普及
及流通を主張するのが標準化運動である。
◆方言尊重論
郷土教育論の主張に関聯して民俗研究者、国粋論者等の主
張するのがこの方言尊重論である。
× × ×
標準語化の重要なことはいふまでもないが、一朝にして方言は取り去ら
れべきものではないし又取り去るべきものではないと思ふ。
標準語は共通語である。そして現在の標準語は東京中流階
級の言語に基づいて出来たもので今後文化の進展と共に進化す
べきものである。国語の淳化統一上から云へば方言は速かに取り
去るべきものではあるが、併し方言の中には取り去るどころか標
準語として普及したいものもあるのである。学問上からいへば訛
岩手県下閉伊郡山田尋常高等小学校

図1　「郷土教育資料」の例（部分）『山田湾内方言集』（山田尋常高等小学校・昭和11年）

「郷土教育運動」は、全国的盛り上がりをみせたのである。

「郷土教育資料」は、この郷土教育運動のもと、一九四〇（昭和一五）年頃に各小学校が作成した郷土調査報告書類の通称で、岩手県には三〇〇点あまりが現存する※1（図1）。項目は地理・歴史・産業・生活等の多岐にわたり、その中に「方言」も含まれている。作成に当たっては文部

省と各府県・各府県教育会が各小学校に対して指導的な立場をとり、報告書の作成は皇紀二六〇〇年の記念事業として位置付けられた。ただし、この運動は、やがて戦時体制の下で「郷土愛」から軍国主義的「愛国心」へと展開した側面もあり、批判的な見方をされることもある。そのためか、全国各地で作成されたと思われる「郷土教育資料」については、少なくとも方言資料としては注目されてこなかった。

しかし、今ここで、地震・津波による大災害という現在と重なる状況下で、同じように方言をはじめとする地域の文化に向けられた眼差しを見直すことは、復興に向けて現代を生きる私たちにとっても意義のある作業となるであろう。

二　郷土調査資料の概要

二・一　郷土調査の経緯

郷土教育資料の作成の経緯について、実態を知る記録や手がかりは多くはないが、次の資料に記述がある。

（1）岩手県主催「郷土調査講習会」配布資料四点（一九三六（昭和一一）年一月配布）※2

①「郷土調査講習会開催要項」、②「郷土調査項目案」、③「第一回郷土調査講習会

受講者名簿」、④文部省主催郷土教育講習会配付資料・鈴木重男編（一九〇二）『岩手県農村の実情　附図』

（2）小松代融一（一九六一）『岩手方言研究史考』

（3）岩手県教育委員会編（一九八〇）『岩手近代教育史2　大正・昭和Ⅰ編』

これらを総合すると、当時の流れは次のようになる。一九二七（昭和二）年八月に、文部省による「郷土教授に関する全国一斉調査」が行われたものの、なかなか普及しなかったようである。しかし、一九三〇（昭和五）年には全国師範学校に対する郷土研究施設費助成が国庫補助金によって行われるようになると勢いが増し、各師範学校に教室が設置される。一九三一（昭和六）年には中等教育改善施策として改良教授要目に「地方研究」が追加され、文部省主催による郷土教育講習会が全国各地で始まった。一九三二（昭和七）年七月一八日には岩手県が郷土教育の振興について通達し、八月には岩手県でも文部省主催の郷土教育講習会が開催され、調査の項目や方法が説明された。特に昭和一一年からは五ヶ年計画で毎夏に講習会が開催されるようになった。平行してこの頃から、師範学校や各小学校で発表会が行われたり、研究資料がまとめられたりするようになる。※3 現存する郷土教育資料は、一九三五（昭和一〇）年から一九四〇（昭和一五）年にかけて、岩手県および岩手県教育会の指示によってまとめられた。

昭和一一年一月九～一三日に盛岡市杜陵《とりょう》尋常小学校講堂で八九名を集めて行われた講習会の開催要項「趣旨」によると次のようにあり、困難な状況の中で郷土教育に地域振興の活路を見いだそうとする目的と、多忙な教師たちに郷土調査の報告を出させるためにこの講習会を開いたことが述べられている（読点や旧字体など表記について改めた部分がある。／は改行、ルビは筆者による）。

本県ハ近年天災人禍相次テ頻出シ為ニ県民ノ生活ニ絶大ナル脅威ヲ与ヘ将ニ生死ノ岐路ニ立ツニ至ル、然ルニ今ヤ学県一致自奮自励更生ノ意気漲ル、而シテ此機運ヲ助長シ更ニ地方自治団ノ実行持続ヲ図ルハ其ノ根啻《ただ》教育ニアリ、郷土教育ノ所以蓋シ茲《ここ》ニ存ス（中略）郷土調査ニ関スル社会学的方面、経済学的方面、土俗学的方面、及地理学的方面等所謂多角度ヨリ郷土部落ノ姿態ト状勢トヲ打診スヘキ的確ナル方法ヲ習得シ以テ地方振興ノ根拠ヲ捉ヘ郷土地方教育是ノ骨子トセントス／而モ此ノ郷土調査ハ複雑多岐ニシテ教師ノ片手間トシテハ俄ニ其ノ完了ヲ望ムヘカラス、故ニ五箇年継続事業トシテ昭和十一年度ヨリ調査ヲ適当ニ分配シ昭和十四年中ニ数字調査ヲ完了シ昭和十五年ニ於テ全面的ニ其ノ地方教育是ヲ確立セシメムトス

図2は④第1回郷土調査講習会の配布物の一部で、明治期に行われた訛語調査による岩手県の方言区画図である。このような図が配布物に含まれることからも、方言に関する関

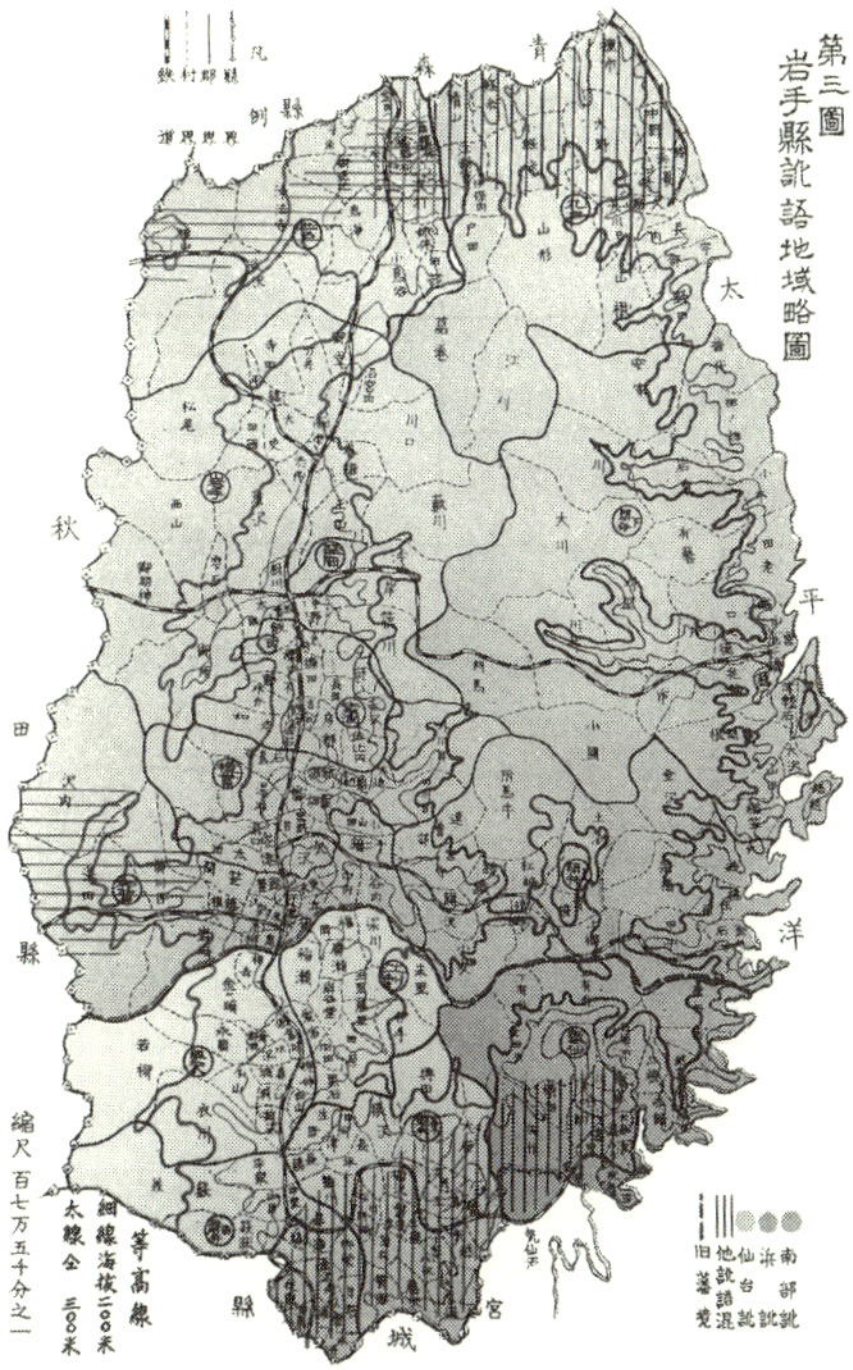

図2　明治35年「岩手県訛語地域略図」（昭和11年「郷土調査講習会」配付資料④所収）

心の高さがうかがえる（他に、鉄道線路標高図、地質図、農村業態別略図、農家家計グラフ、経済ブロックと伝統民芸分布図などがある）。

ただし、昭和一一年の段階での調査内容に関する指示は、分野名が示してある程度で詳細ではない。昭和一一年講習会の項目案は四頁程度で、言葉に関連するところでは「（一）C（3）言語」に「方言・俚諺・歌謡・説話・伝説」、「(二)E(1)家族的慣習」に「家風、諸行事、冠婚葬祭、言語、宗教、生産消費上ノ伝承、禁忌、家屋ノ構成」がある。一方、一九三九(昭和一四)年には『岩手県郷土調査要項』(岩手県・岩手県教育会一九三九(昭和十四)年)によって六〇頁にわたる詳細な項目案が示され[※4]、「第四編　民俗的条件」の「第二章　言語芸術(口誦文芸)」には、左のように「第一　方言調査」が掲げられている。

第一　方言調査　参考書「方言採集手帖」東条操氏

1　方言調査

イ　語彙　各項目に顕れ来る方言を蒐集し、特殊的なものには註釈を施す。訛言(標準語)は省くこと、小児語・廃語をも採集すること、地方的特色のあるものを採集すること。

2　音韻語法　音韻に分類し、語法に依り之を示す。尊卑男女・老女に依る語法に注意の事。

ハ　地名　地名の採集・地名の意味の不明なるものも採収すること。

さらに「第四編　民俗的条件」の「第一章　有形文化」には、「(凡て地方方言を以てする事、但し難しい方言は註釈を附す)」との注記があり、特に「民俗」に関連して方言に対する強い関心があったこともうかがわせる。

昭和一五年の『郷土教育資料』は基本的にこの要項に準拠したものを作成するよう求められたようであるが、第四編全体を方言で記録した資料は現存しておらず、項目構成は要項に従っていながら方言の記載を欠くものもある。

二・二　現存資料の概要

現存する岩手県内の郷土教育資料は、大きくは次の二種類がある。

一つは『〈各地域名〉郷土教育資料』の名称で岩手県立図書館に原本あるいはマイクロフィルムの形で収蔵されている資料群である。これらは、皇紀二千六百年記念事業として、一九三五〜一九四〇（昭和一〇〜一五）年頃に県・県教育会の命に基づいて各小学校で作成された郷土調査の報告書である。調査項目の詳細は『岩手県郷土調査要項』にあり、実際、地誌・郷土史等のほか、各地の方言に関する貴重な記述が見られる。ただし、三五七校から提出されたとあるうち県立図書館で確認できるのは約六割で、残りは所在不明である。

もう一つ、昭和一一年前後に小学校名で県に提出された方言のみの資料が存在する。各表題や形式は不統一であり、確定的な記述はないものの、提出時期から考えて前述の講習会を受けて作成されたものと推測される。県立図書館に所蔵の二六種を除き四〇種類以上

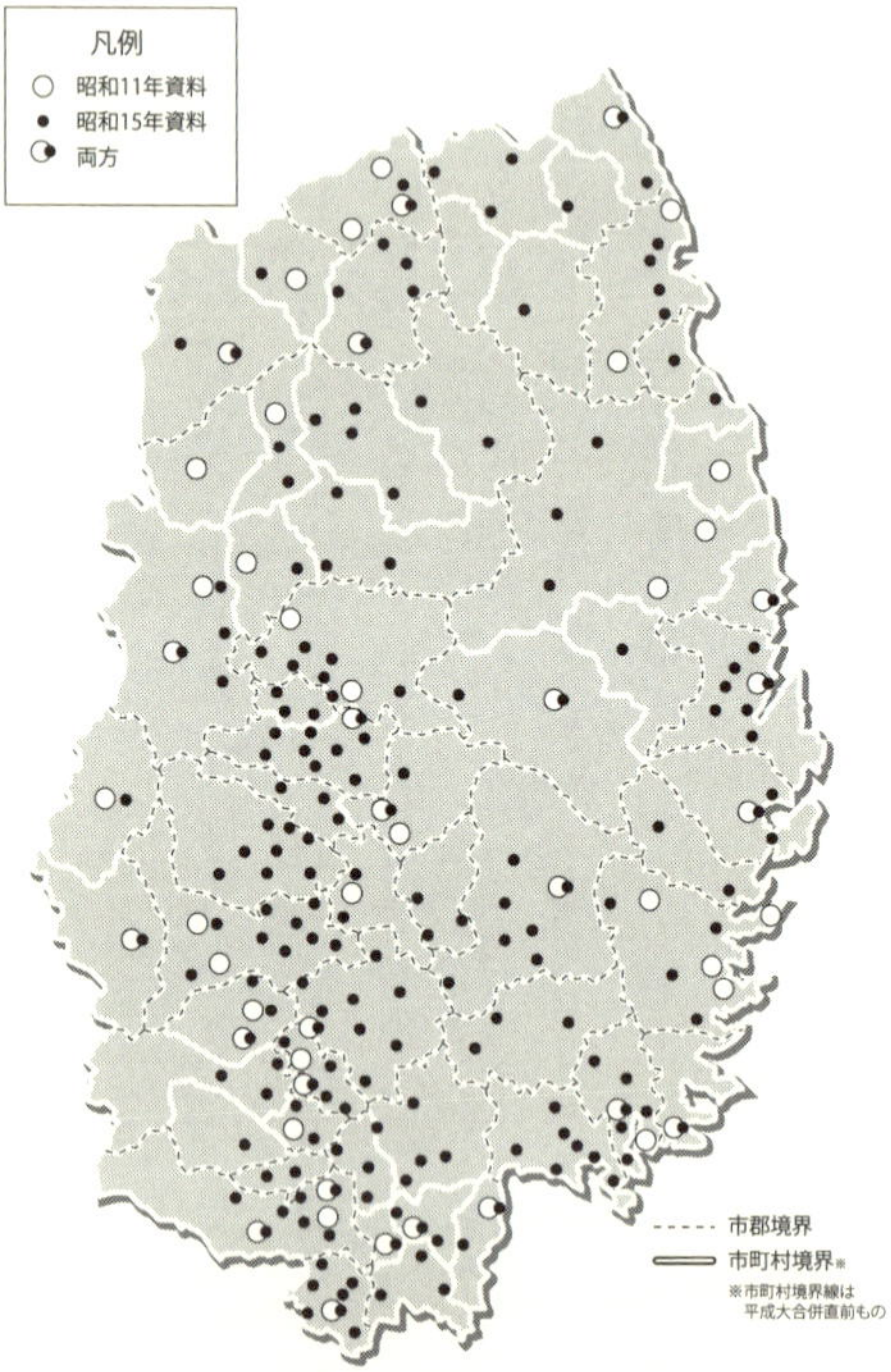

図3　資料が確認された市町村

が所在不明だったが、文化庁事業の一環として行われた岩手県内の方言文献調査の過程で小松代融一氏が遺した史料の中から竹田によって発見された。[※5]

現存する資料の調査地点は図3に示す通り、昭和一一年資料の方がやや少ないものの、両資料とも県内を広く覆っている。なお、昭和一五年資料の調査は、数校が合同で作成した例も見られる。公立小学校数が昭和一一年

表1　小松代資料の収載資料数

製　本　題　名	原本	書写物	計
昭和十一年調査(仁)二戸	5	3	8
昭和十一年調査(義)岩手	5	3	8
昭和十一年調査(礼)九戸・下閉伊・上閉伊	4	6	10
昭和十一年調査(智)紫波・稗貫・和賀	9	8	17
昭和十一年調査(信)胆沢、西磐、東磐、気仙	12	10	22
計	35	30	65

度は六九九校、昭和一五年度は七〇六校であったことを考えると、全校から提出されたわけではないと思われる。

二・三　資料の体裁からみた昭和一一年調査

昭和一一年資料の内容は方言のみで、この点が昭和一五年資料と大きく異なるところである。岩手県立図書館所蔵のもの（以下、県図資料と称する）と、小松代融一氏旧蔵（以下、小松代資料と称する）の二種類がある。おそらく、当初は昭和一五年資料と同様に郷土調査の各分野がまとめられていた報告書があり、そこから方言の記述部分だけが抜き取られ、県図資料は個別製本あるいは合本のうえ蔵書とされ、小松代資料は五冊に製本のうえ私蔵されたものとみられるが、これ以上のことは現時点では不明である。

県図資料は二三種類が確認された。製本時に別資料と合本したものや別の題名が付いた場合があることから、現時点では特定できない一〇種類ほどの蔵書があると見込まれる。

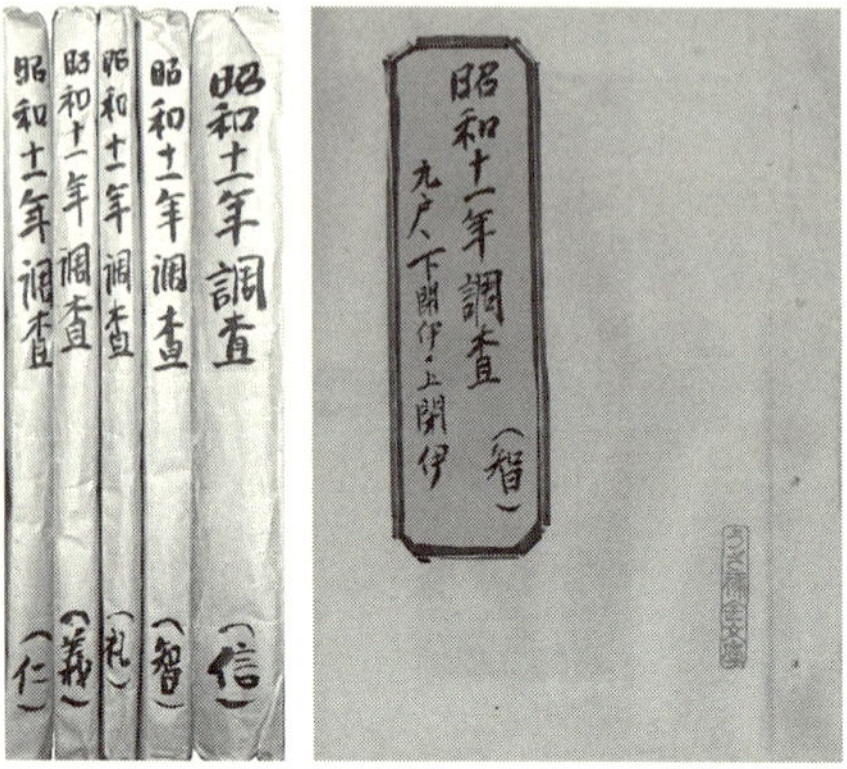

図4　小松代融一氏旧蔵資料の外観(仁義礼智信5冊の背表紙(左)と「智」の表紙(右))

小松代資料は、地域別に五常「仁義礼智信」に分けられ、五冊に製本されていた(図4)。題名、原本・書写物の収載数は表のとおりである。表紙には橙色の貼付紙片に毛筆で「昭和十一年調査〈五常／郡名〉」と書かれていた。書写物も含まれるが、その原本はほとんどが県図資料に確認できる。江刺郡については、小松代(一九八八：三〇二〜三〇三頁)に「報告もれとは思わないが、江刺郡のものが一部もなかったのは残念でならない。」とあり、現在も所在不明である。

双方の資料は、公立学校の用箋への手書きや謄写版印刷物によるもので、小学校名・執筆者・地域名、誤りや他資料からの引用指摘などが、小松代筆による鉛筆・赤色鉛筆・万年筆などで記されている。旧藩地域の区別や語形の総

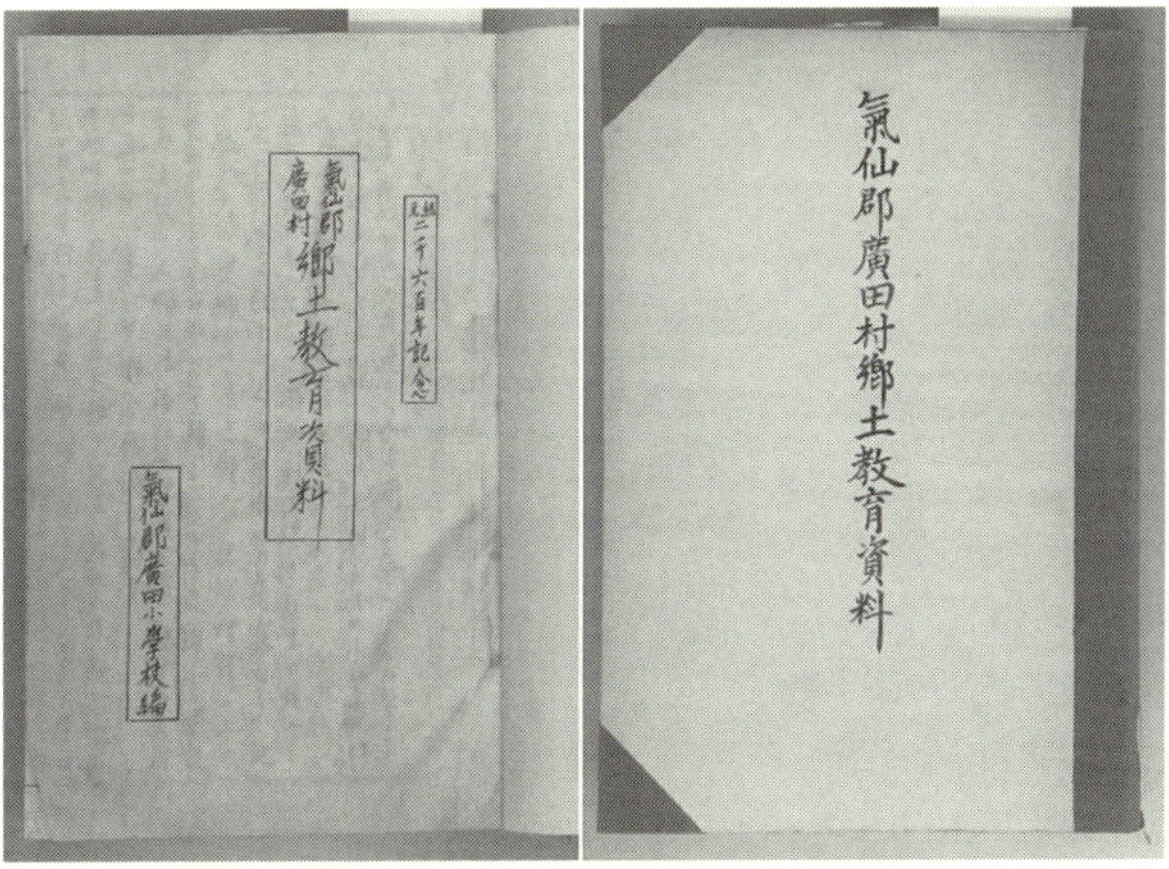

図5　岩手県立図書館所蔵『気仙郡広田村郷土教育資料』（昭和15年資料）表紙（右）と扉（左）

数とみられるメモ書きもあるが、これらの情報は小松代（一九五九）に収録されたとみられる。

二・四　資料の体裁からみた昭和一五年調査

昭和一五年資料のうち、岩手県立図書館に所蔵されているものはほとんどが『〈各地域名〉郷土教育資料』という題をつけた形で製本されている（図5）。内題も同じ場合が多いが、中には別の内題が付いた資料も見られる。外側の表紙の体裁は全て同じなので、後代に一括管理する際につけられたと思われるが、県立図書館によれば、収蔵の時期も製本の経緯も不明とのことである。なお、現在は、マイクロフィルム化され閲覧に供されている。

体裁は小学校名入りの用箋等に手書きの原

稿が多いが、項目によっては手書き版下による謄写版印刷物や、少し前（一九三二〜一九三三（昭和七〜八）年頃）に作成された別の製本資料が参考として綴じ込まれた資料もある。また、手書きの図版・地図の類もあり、中には彩色が施された図も少なくない。さらに写真が貼付された資料も存在する。

昭和一五年資料では「方言」は調査項目の中の一つとして取り上げられているが、全ての資料に「方言」の項目があるわけではなく、岩手県立図書館で確認できる『郷土教育資料』のうち、「方言」が立項されているのは二四〇点中一六九点である。

三　資料内容の特徴

三・一　昭和一一年資料の特徴

昭和一一年資料の内容は、全体に語彙集、次に音韻と文法の記述が多く、アクセントについては少ない。調査方法は不明ではあるが、他の資料と比べると、当時の方言事実や方言意識を書き留めた記録としての価値が認められる。

語彙集の内容や形態は多様である。郡誌類の内容を引用したとする報告、独自の基準で語形を列挙する報告もあれば、語形別に例文を挙げながら場面差を記述した報告もある。

国定教科書の単語と方言形の対応表もあり、調査目的に方言矯正が含まれていたことがうかがえる。語順は五十音が最も多く、イロハ順や分野別のものもある。

文法の記述は、代名詞、動詞、形容詞、形容動詞、副詞、接続詞、感動詞、助動詞、助詞、接頭語、敬語などに分けて行われることが多い。

音韻記述は、『音韻口語法ニ関スル取調』（一九〇三（明治三六）年）、『音韻ニ関スル取調』（一九〇八（明治四一）年）に似た形式が多い。たとえば、「母音の部」に「ア列の音がイ列・ウ列・エ列・オ列に転ずる例」、「イ列の音がア列・ウ列・エ列・オ列に転ずる例」などがある。

アクセントの記述は少ないが、随所に、当該地域が音調抑揚の特殊であることや、アクセントにデリケートな違いがあること、同一語形や同一表現でも音調の差で意味が異なるという記述がある。国定教科書の単語について、当地のアクセントと比較しながら述べる報告もある。

他に、属性差・場面差・地域差の記述がみられる。たとえば、小児語、婦人語、専門語、卑罵語、男女差のある語や、子供たちが老人の言葉を聞きただす様子も報告されている。また、市街地と村落の違いや、近隣の地域との違いを具体的な例を挙げて説明するものもある。男性より女性に方言の強いことを述べる内容が散見されるが、当時、公的な場で会話する機会が少ない女性のほうが方言を残しやすいことを指摘したものとみられる。

　方言観や方言意識についてもさまざまな記述がある。言葉が通じないため他所から来た人と話したがらない様子や、方言がわからずに聞き直すと標準語に言い直してくれる様子などが記されている。他県から岩手県の教員として赴任したと記される場合も少なくなく、児童・父兄とのやりとりや、授業・日常生活における苦労や対処方法が綴られているものもある。

　方言矯正については全体に、近代化や進歩、国家統一のために標準語教育推進を必要とする態度がみてとれる。一方で、方言を一方的に矯正することへの違和感や、標準語では表せない方言による表現は標準語として普及させるべきだと述べる報告がある。標準語化に際しては現存する方言の事実を重んじ、地元の人々の正確に調和した言語を破壊したり、特有の人情を損なったりしないような配慮が必要であると主張するものがある。

　当時の「方言」を取りまく学問的状況についての記述もある。方言保存を主張する理由として、方言には古語が多く国語学や国文学の研究上で役に立つとするもの、書き言葉は読み書きを習えば使いこなせるが話し言葉は方言でなければ通じないとするものが紹介されている。また、研究のためには記録のみが必要で実際に使用され続ける必要はないとする考えや、方言は徐々に減少し変化するが記録する人は少ないこと、記録されずに消滅

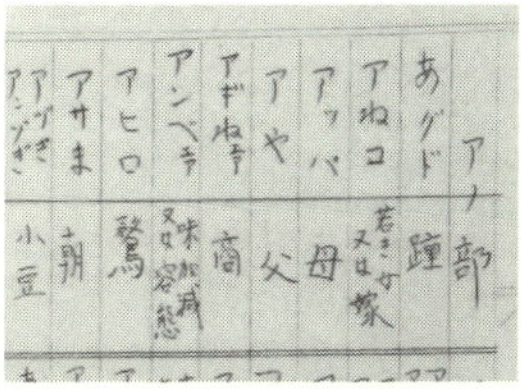

図７　アクセントを示す例（岩手県立図書館所蔵『和賀郡藤根村郷土教育資料』）

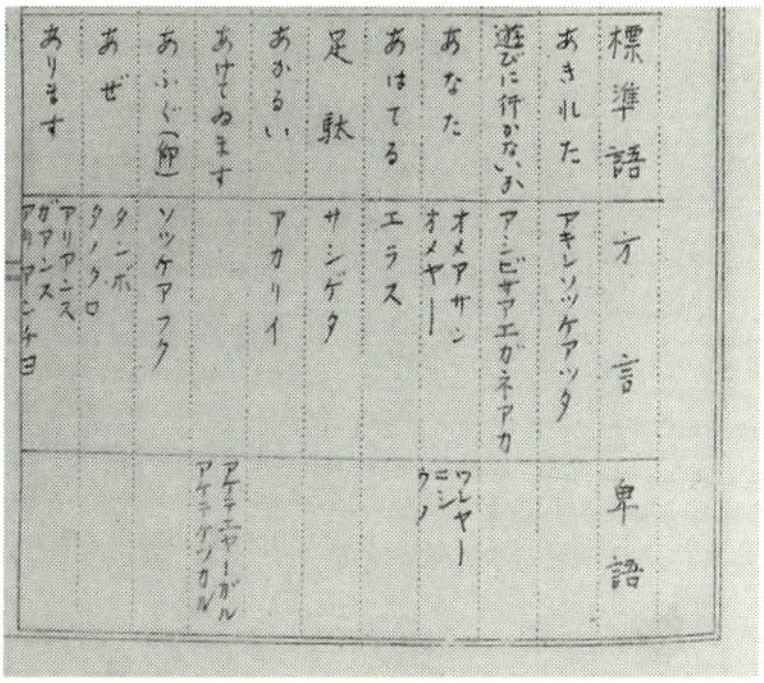

図６　卑語欄のある語彙表の例（岩手県立図書館所蔵『気仙郡広田村郷土教育資料』）

した方言や語形があることの学問的損失を論じる報告もある。

総合すると、当時の「方言」は、教育現場では表面上は矯正すべきものとして位置付けられていたが、矯正に反対する考えも広まっていたと思われる。教師の視点も一様ではなく、方言矯正に葛藤や逡巡が少なからずあったことがわかる。また、当時、すでに方言は消滅の危機にあると認識されており、保護あるいは記録の対象としてとらえられていた様子がうかがえる。

三・二　昭和一五年調査の特徴

昭和一五年資料の方言項目は、標準語訳と方言を列記した語彙表のみのものがほとんどで、昭和一一年資料に見られるような方言意識等の記述は多くない。『岩手県郷土調査要項』（一九三九）の

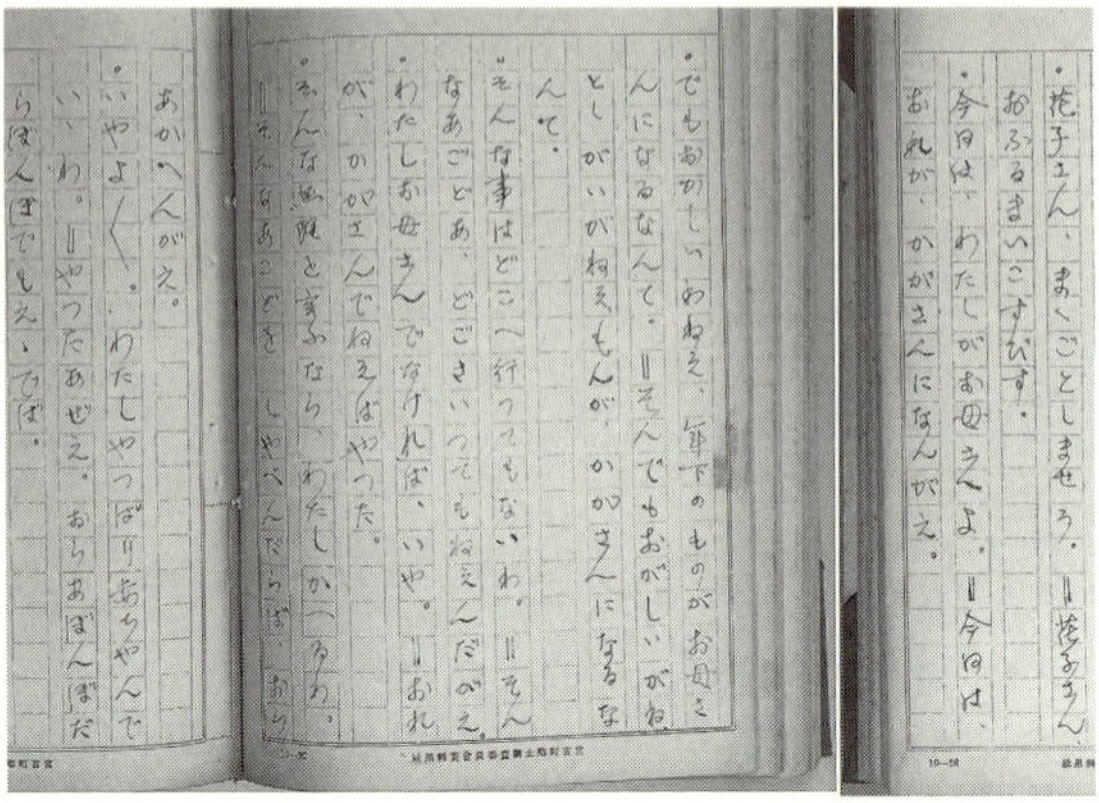
・花子さん、まくごとしませろ。‖花子さん、
おふるまいこすびす。
・今日はわたしがお母さんよ。‖今日は、
おれが、かがさんになんがえ。
・でもおかしいわねえ、年下のものがお母さ
んになるなんて。‖そんでもおかしいがね
としがいいがねえもんが、かがさんになるな
んて。
〃そんな事はどこへ行ってもないわ。‖そん
なあごどあ、どごさいってもねえんだがえ。
・わたしお母さんでなければ、いや。‖おれ
が、かがさんでねえば、やった。
・そんな無理を言ふなら、わたしかへるわ。
‖そんなあこどき　しゃべんだらば、おら
あかへんがえ。
・いやよ〳〵。わたしやっぱりあちゃんで
いいわ。‖やったあぜえ。おらあぼんぼだ
らぼんぼでもえゝでば。

図８　会話の例（岩手県立図書館所蔵『下閉伊郡宮古町郷土教育資料』）

「音韻に分類し、語法に依り之を示す」という記述は、掲載の仕方の指定ととらえられていたと思われ、殆どの語彙表が音韻順の配列となっている。さらに品詞ごとに分けて配列したものもある。音韻配列は五十音順が多いがイロハ順もある。このうち、イ・ヰ・エ・ヱなどの項目の扱いは音韻の意識をうかがわせて興味深い。また、資料によっては、表の中に「卑語」欄があるもの（図６）や、片仮名表記に平仮名を交ぜることでアクセントの位置を示す例（図７）などもある。

さらに、文例や会話例を掲載する例もある。図８の宮古町の資料はままごとをする子供の会話例である。

方言項目の分量は資料ごとに大きな差があり、少ないものでは語例が一〇語しかなく記述が数

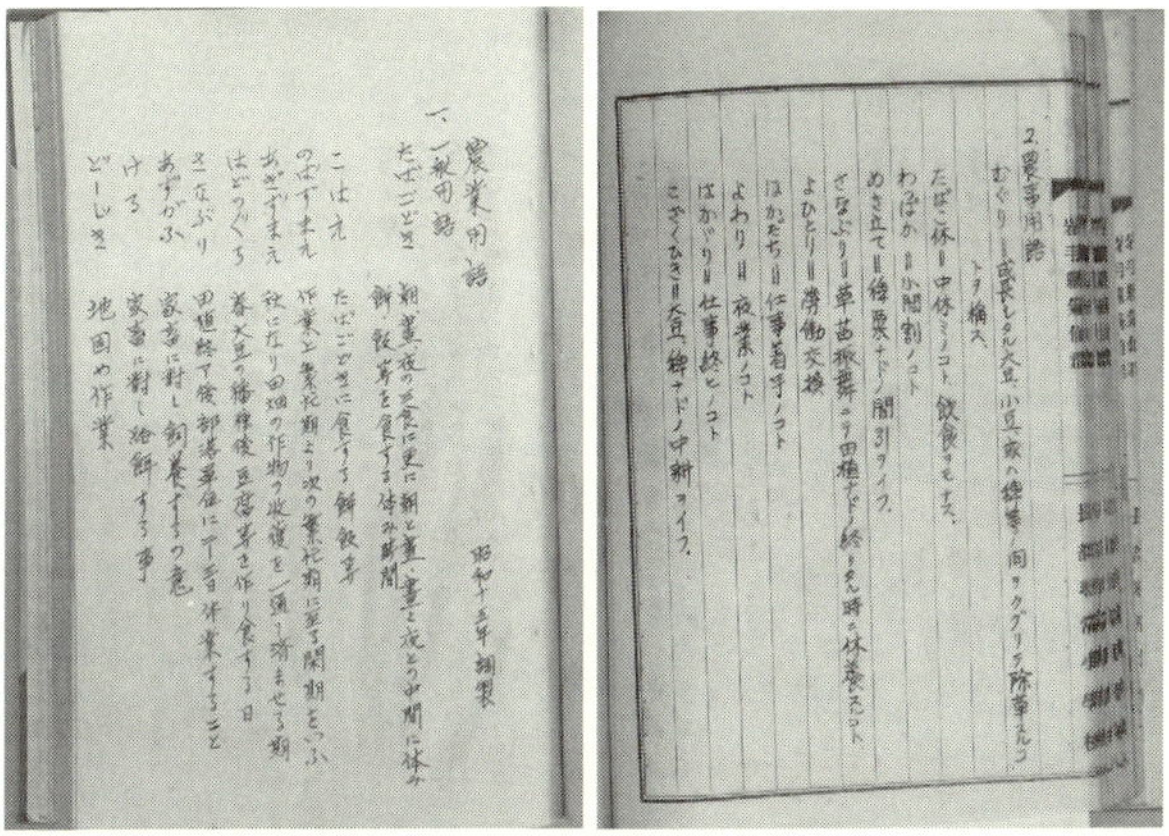

図 9　農事用語の例（岩手県立図書館所蔵　左『九戸郡長内村郷土教育資料』（小久慈）・右『気仙郡気仙町長部郷土教育資料』）

行で終わっているものから、数十頁に及ぶものまである。内容もばらついており、全て個人で蒐集・整理したと思われるものもあれば、他の資料（郡誌）の引き写しや増補とみられる場合もある。また、昭和一一年調査をそのまま掲載あるいは増補したと記されている資料もある。

昭和一五年資料の特徴の一つに、方言項目以外の部分にさまざまな方言記述がみられる点があげられる。

注目すべき記述は昔話の類である。方言の項目に比べ掲載する資料数は少ないが、一話全てが方言で記載されているものや、または一部の語彙や語りだしと結びのみが方言という資料もある。特に語りだしや結びについては、地域ごとのバリエーション

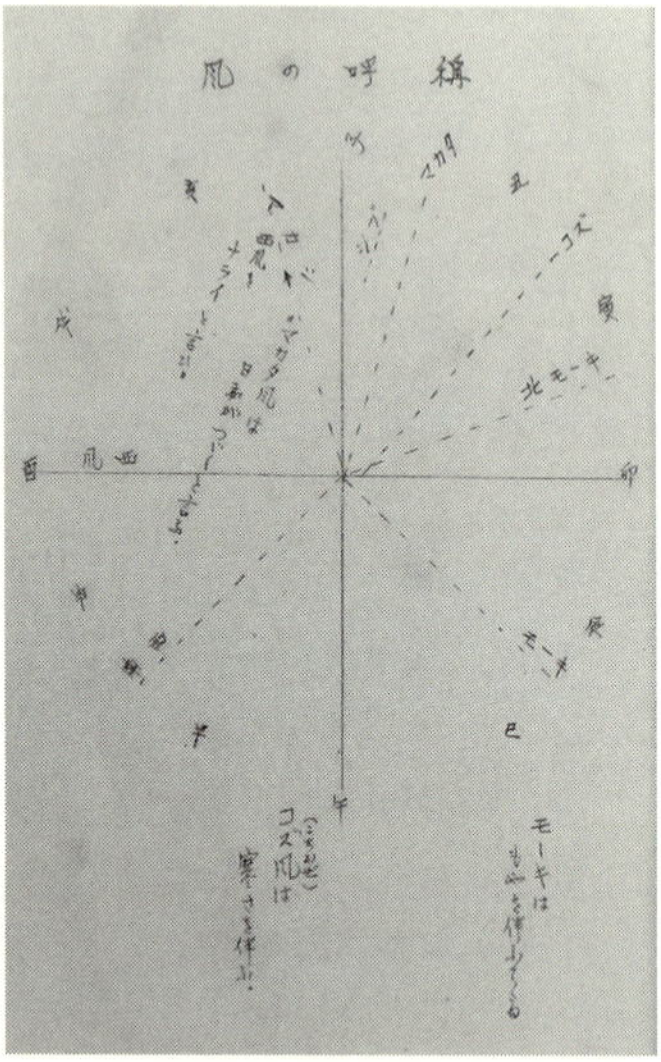

図 10　風の呼称の例（岩手県立図書館所蔵『気仙郡広田村郷土教育資料』）

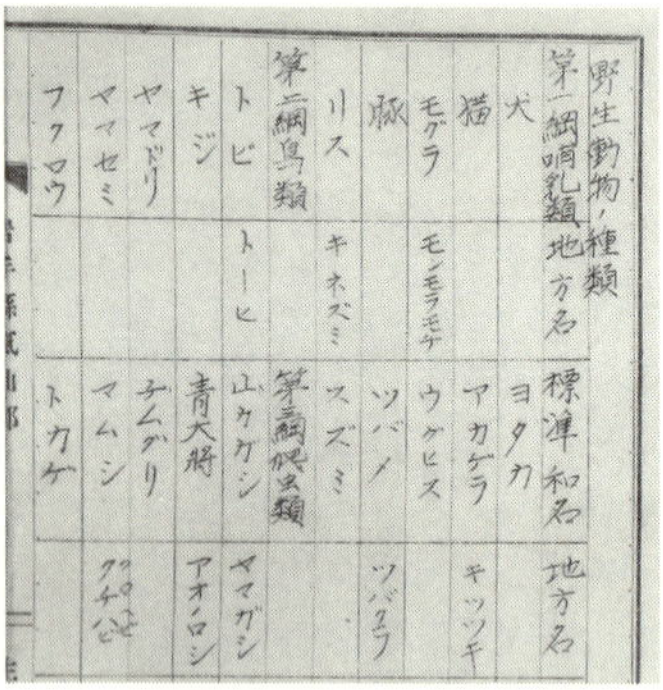

野生動物ノ種類	地方名
第一綱哺乳類	
犬	
猫	
モグラ	モンモラモチ
豚	
リス	キネズミ
第二綱鳥類	
トビ	トーヒ
キジ	
ヤマドリ	
ヤマセミ	
フクロウ	

標準和名	地方名
ヨタカ	
アカゲラ	キッツキ
ウグヒス	
ツバメ	ツバクラ
スズミ	
第三綱爬虫類	
山ケカシ	ヤマガシ
青大将	アオノロシ
チムグリ	
マムシ	クチハビ
トカゲ	

図 11　野生生物の例（岩手県立図書館所蔵『気仙郡矢作村郷土教育資料』）

を追うことができる。

他に、産業に関する項目で、農業・漁業などに関わる用語を集めた中に方言が多くみられる（図9は農事用語の例）。特に沿岸地域では海に関わる忌み言葉や風の呼称を方角とともに図示した例（図10）などもある。また、地域の自然に関する項の中に生物の地方名を記載している例（図11）もある。

これ以外にも「民族的条件」の部分には、方言による記述はなくても、地域の食べ物、祭りなどの風習に関する記述も多く、たとえそれらが一時的に失われたとしても復刻の足掛かりになるだろう。

四　地域教材としての可能性

以上、昭和初期の岩手県の郷土調査について、その報告書から方言の部分を中心に概観した。今後は、「郷土教育資料」の全体像や性質を明らかにしつつ、多方面からの分析を行う必要がある。たとえば、調査者が小学校の教員であるため、実際の教育現場において方言がどのように扱われてきたかについて、解明すべきである。

また、これらの調査報告は府県庁内や各小学校で古い文書として保管されてきた場合が多いが、近代史上貴重な資料が失われないような救済手段を講じる必要があるだろう。

最後に、郷土教材としての利用の可能性に触れておく。

『岩手県郷土調査要項』（一九三九）には「第七編　郷土教育実施方法体系」があり、郷土教育の具体的な実施案の作成が求められている。これを受けて、昭和一五年資料の現存資料の中にはいくつか教案が付いている資料がある。この中には、方言に関する内容を含む実施案も存在する。

たとえば、『気仙郡気仙町長部郷土教育資料』では、郷土教育体系の図（図12）と各科で

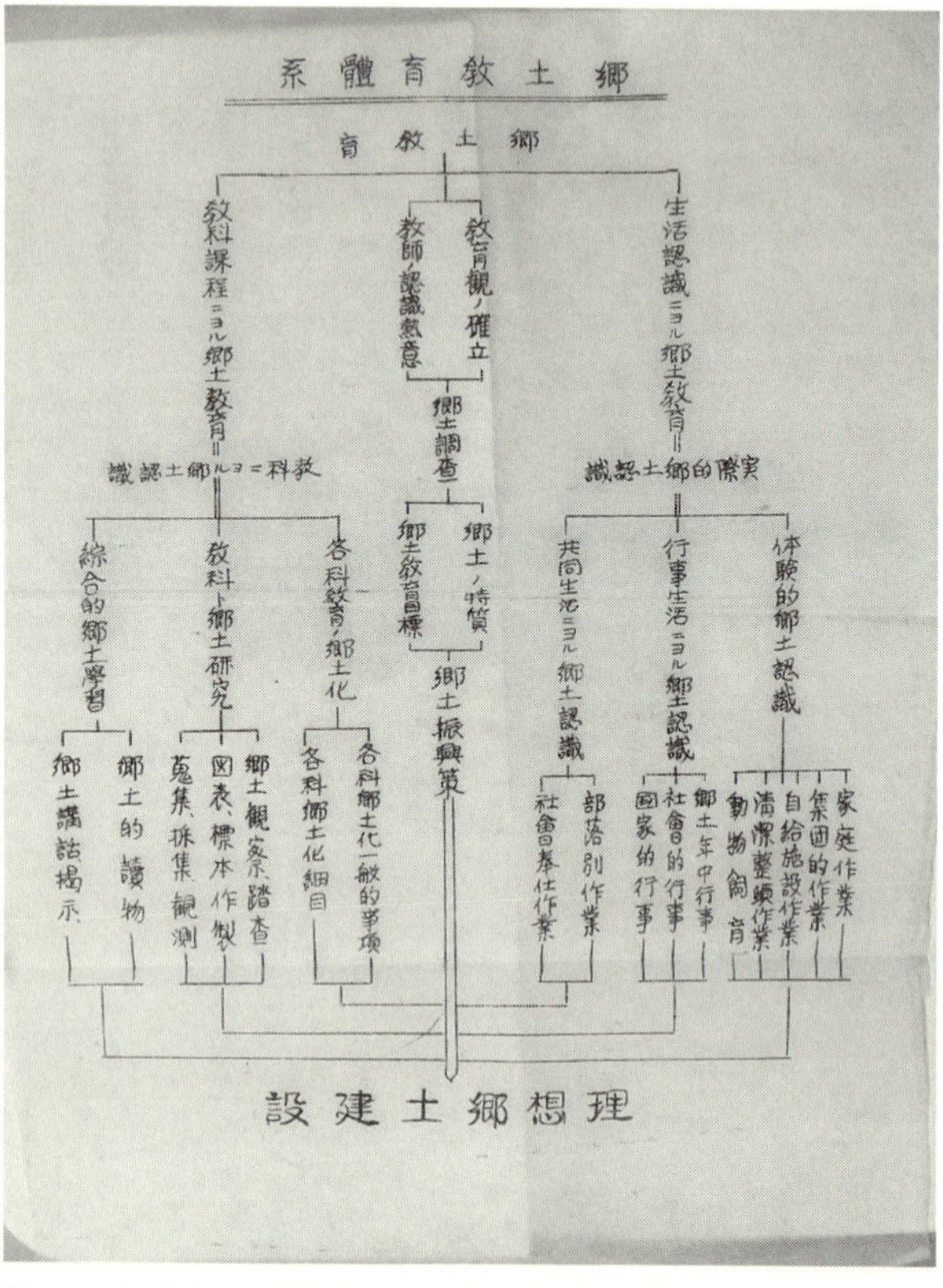

図 12　郷土教育体系図（岩手県立図書館所蔵『気仙郡気仙町長部郷土教育資料』）

の郷土教育の案が示されており、国語科についての「郷土化の着眼点」の中の一項目に「郷土読物ノ補充、郷土詩ノ創作　郷土生活中心ノ綴方　方言ノ調査指導　郷土的文芸作品ノ蒐集等ヲナスコト」として、「方言」が取り上げられている。

また、『宮古町』の資料では「郷土教材配当案」の高等科一年の「生活文化」の欄に「宮古の言葉」が入っており、具体的な各学年・各月の内容を示した表の「二月」に次のような記述がみられる（表2）。

これらの授業が実際に行われたかどうかは確認できていないが、『郷土教育資料』を作成した教員は授業での利用まで視野に入れ、これらの調査報告を作成していたことがわかる。

表2　郷土教材配当案の例

（月）	（教材）	（指導要項）	（参考）
二月	ことば	方言調査→語源研究 標準語との比較表作成 発音指導	方言訛語集 童謡俚謡集 童話集

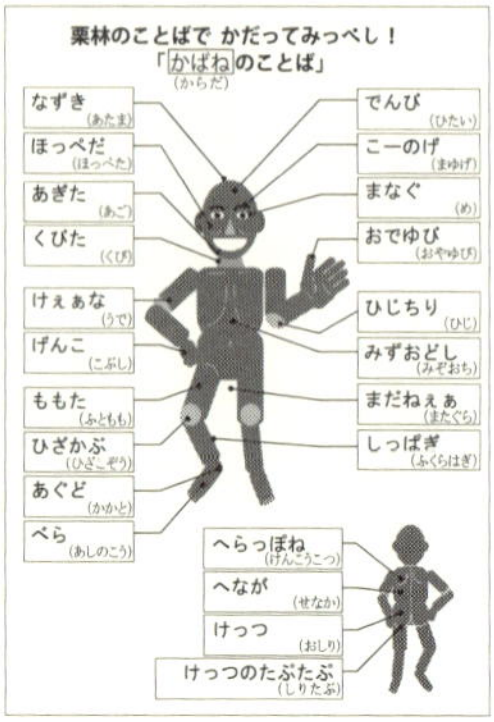

図 13　教材「栗林のことばでかだってみっぺし！」(部分)

図 14　栗林小学校での授業の様子（2014 年 11 月 19 日）

郷土教育資料が作成された小学校は、その後の八〇年近い歴史の流れの中で統廃合の対象となったケースも少なくないものの、基本的には現在の教育制度の中に位置づく小学校として地域に継承されている。これらの各学校に郷土教育資料を里帰りさせることができれば、これらの資料を地域の子ども達が「ふるさと」をもっと深く知るための授業に利用するという形で、現在の学校教育の中に取り入れる可能性も考えられる。

試みに、文化庁「被災地の方言活性化事業」の一環として、郷土教育資料をもとに方言教材を作成し、実際に小学校で授業をさせていただくことができた。釜石市立栗林小学校のご協力を得て、橋野尋常高等小学校の「郷土方言集録」（昭和一一年資料・県図資料）をもとに学習材「栗林のことばでかだってみっぺし！／かばね（からだ）のことば」を作成し、全校児童四五人を対象に、方言語彙に触れてもらうという試みである（図13・図14）。今回は限られた語彙ではあったが、かつてその小学校の先生が調べて記録したことばを具体的に知ることで、その地域での暮らしや方言への興味を持ってもらうことができた。[※6]

このような資料群は、地域で生活する大人たちにとっても、津波から立ち直った地域の先人たちの思いをもう一度振り返るためのよすがとして、社会教育のための学習材としても活用する価値を十分に有するものであろう。特にこの資料に見られる方言は現在では変容しており、児童・生徒にとってはもちろん、地域の大人たちにとっても耳慣れないものも少なくないと思われる。少し昔の言葉に思いをはせて、地域とのつながりを実感・再生できるのであれば、困難の中でこれらの資料を残してくれた先人たちに少しは報いることにもなるのではないかと期待する。

注

1　小島聡子・竹田晃子（二〇一四）の末尾に資料一覧が掲載されている。

2　この配付資料は、文化庁事業の一環として行われた岩手県内の方言文献調査の過程で大野眞男によって発見された。

3 たとえば、船越尋常高等小学校編（一九三一（昭和六））『船越村ヲ中心トセル発音ノ誤リト方言訛語』（岩手県立図書館蔵）、釜石小学校郷土教育研究所編（一九三三（昭和八））『地震並津浪の常識』岩手県釜石小学校郷土教育研究部（岩手県立図書館蔵）、広田尋常高等小学校編（一九三三（昭和八））『広田村郷土教育資料』（岩手大学図書館蔵）がある。

4 『岩手県郷土調査要項』は、岩手県立図書館、盛岡市立図書館、国立国会図書館・近代デジタルライブラリーなどで確認できる。

5 小松代資料の発見と利用について、小松代礼子様、神山浩樹様よりご高配を賜った。心より感謝申し上げる。なお、発見された資料は、岩手県立図書館郷土資料室と相談しながら、保管と公開の準備を進めている。また、これらの資料は、岩手県立図書館蔵『郷土教育資料』とともに、岩手県立図書館三階ミニ展示コーナーにおいて「『郷土教育資料』に描かれた岩手のことば―沿岸被災地を中心に―」（二〇一三年一二月二八日～二〇一四年三月二四日）として展示し、併せて報告会「眠りから覚めた郷土教育資料と、被災した岩手の言葉の現在」（同年三月一日）を実施した。これらは、岩手県立図書館と文化庁委託事業「三陸の声を次世代に残そうプロジェクト」との共催により実現したもので、岩手県立図書館には全面的にご協力を賜った。ここに記して、深謝申し上げる。

6 橋野小学校は二〇一〇（平成二二）年に栗林小学校と統合した。なお、この授業の詳細については竹田（二〇一五a）を参照されたい。

参考文献

岩手県教育委員会編（一九八〇）『岩手近代教育史2　大正・昭和Ⅰ編』

岩手県教育委員会編（一九八一）『岩手近代教育史4　教育統計・年表編』

小島聡子・竹田晃子（二〇一四）『岩手県における郷土教育資料の概要―方言に関する記述を中心に―』岩手大学（平成二五年度文化庁委託事業「三陸の声を次世代に残そうプロジェクト」被災地の言語文化資料）

小松代融一（一九五九）『岩手方言研究3　岩手方言の語彙』岩手方言研究会（小松代融一（一九七五）『全国方言資料集成　岩手方言集』国書刊行会に復刻）

小松代融一（一九六一）『岩手方言研究史考』（私家版）

小松代融一（一九八八）『岩手方言研究史考　続編』（私家版）

竹田晃子（二〇一五ａ）『郷土教育資料が語る昭和初期の釜石のことば―次世代に方言を伝える試み―』岩手大学（平成二六年度文化庁委託事業「おらほ弁で語っぺしプロジェクト」被災地の言語文化資料）

竹田晃子（二〇一五ｂ）「国語調査委員会による音韻口語法取調の現代的価値―岩手県の第二次取調稿本の分析を事例として―」『日本語の研究』一一（二）、日本語学会

第六章　方言教科書―茨城方言テキストの作成―

杉本妙子

一　伝えるための手段としての方言教材

方言は暮らしの中で育まれてきたことばであり、暮らしを映す鏡である。方言を伝えるということは、単に地域のことばを伝えるというだけではなく、地域の暮らし、即ち地域の文化、暮らしの中の知恵を伝えることになるだろう。ところが、東日本大震災の被災地では、津波や原発事故により避難を余儀なくされ、住み慣れた地域での暮らしを取り戻せないでいる方々が現在でもたくさんいらっしゃる。地域社会の存続が危機に瀕している被災地は少なくない。地域社会が存続できないということは、地域が守り伝えてきた文化、方言が途絶えてしまうことになりかねない。そうならないために早急に何らかの取り組みが行われなければならないのは言うまでもないだろう。

ところで、地域社会が受け継いできた方言は、共通語化、人々の移動など、そもそも危うい状況だったと言える。筆者が平成二四年一二月〜翌年一月に行った茨城県つくば市での避難者アンケートでは、社会の変化とともに方言も変わり、やがて消えていくものだと考える震災避難者の方が少なからずおられた。方言がなくなることは仕方のないことなのだと考えているということだろう。その一方で、方言に力づけられたり安らぎを感じたりするという方もたくさんおられた。方言でおしゃべりすると元気になる、という声も聞く。図らずも、震災が方言のかけがえなさに気付くきっかけになったのである。

そして、そのことはまた、方言を伝えることの重要性を表していると言える。地域の方言を伝える、とりわけ若い世代に伝えるための手段の一つとして、学校教育でそれぞれの地域の方言を取り上げるということが有効な方法として挙げられるだろう。そこで、ここでは学校教育での使用を目指して作成した茨城方言テキストを取り上げて述べていく。が、その前に、児童生徒が方言についてどのように学んでいるのかを把握するために、学校教育で扱われている「方言」についての学びを概観しておきたい。

二　「方言」の小中学校国語教科書での扱いと地域の方言教材の必要性

義務教育において「方言」は、学習指導要領に基づいて、小学校5学年と中学校2学年の国語科で取り上げられている。「小学校学習指導要領」（平成二〇年三月公示）では、「方言」は〔第5学年及び第6学年〕の「A話すこと・聞くこと」の能力を育てるための指導事項の一つとして、「ウ　共通語と方言との違いを理解し、また、必要に応じて共通語で話すこと。」（一二〜一三ページ、原文の読点「，」は「、」とした。以下同断）とある。また、この指導事項に関して「小学校学習指導要領解説　国語編」（平成二〇年六月、文部科学省）では、「ウは、共通語と方言との違いを理解し、また、必要に応じて共通語で話すことを示している。」とし、具体的な指導のポイントについて「従前は〔言語事項〕に示していたが、話すこと・聞くことの実際の場面における重要性を考えて、「A話すこと・聞くこと」に位置付けた。共通語と方言とを比較、対照させながら違いを理解し、それぞれの特質とよさを知り、共通語を用いることが必要な場合を判断しながら話すことができるように指導することが大切である。」（九五ページ、傍線は筆者）とある。さらに、〔伝統的な言語文化と国語の特質に関する事項〕の「言葉の働きや特徴に関する事項」では、「（イ）時間の経過による言葉の変化や世代による言葉の違いに気付くこと。」の「世代による言葉の違い」の指導において、「「ウ　共通語と方言との違いを理解し、また、必要に応じて共通語で話すこと。」と関連付けて指導すると効果的である。」（一一六ページ）としている。「中学校学習指導要領」（平成二〇年三月、平成二二年一一月一部改正）では、〔第2学年〕の指導内容〔伝統的な言語文化と国語の特質に関する事項〕の「イ　言葉の特徴やきまりに関する事項」で、「（ア）話し言葉と書き言葉との違い、共通語と方言の果たす役割、敬語の働きなどについて理解すること。」とある。これらにしたがって、小学校でも中学校でも、「方言」は主に「共通語」と対比される形で取り上げられることになる。方言の具体例や方言地図を示すなどしながら、方言・共通語の機能等に触れるという教科書が多く作成されているようである。

以下に、光村図書、東京書籍、教育出版の三社の教科書での扱いを、小学校の平成一六年・二二年検定済み教科書での取り上げ方を中心に概観してみよう。なお中学校については、平成一七年・二三年検定済み教科書の見出しと内容の要点のみに止める。

《小学校》

光村図書（平成二二年検定済み版からは5年生用は一冊）

平成一六年検定・5年下〝方言と共通語〟（一二五〜一二六ページ）

物語「わらぐつの中の神様」(杉みき子作)の中の会話のことばと関連付けるとともに方言地図(塩味の足りないしる(汁)の味)を示して、「方言」と「共通語」の働きを取り上げている。

平成二二年検定・5年〝たくさんの「ありがとう」〟(二四六~二四七ページ)

直前の単元「ニュース番組作りの現場から」で、伝えたいこと・伝えるべきことをわかりやすく伝えるために、報道スタッフがどんな工夫や努力をしているかを学び、その後で、感謝の気持ちを表す日本各地の言い方(方言)を取り上げている。

(「共通語」には触れていない。)

東京書籍

平成一六年検定・5年上〝方言と共通語に関心を持とう〟(八〇~八一ページ)

直前の単元「ニュースを伝え合おう」に関連付けて、テレビやラジオのニュースに使われる「共通語」とそれぞれの地方の「方言」の働きを取り上げている。方言の例としてカボチャの方言地図や「~ナカッタ」の方言形等を示している。

平成二二年検定・5年〝方言と共通語〟(五八~五九ページ)

単元「気持ちを伝える言葉について考えよう」において生徒が実践に取り組んだ後の発展として、「共通語」の必要性だけでなく、「同じ土地にくらす人どうしが、気持ちを伝え合うために、欠かすことのできないもの」として「方言」の重要性を示している。方言の例として日本各地のお礼の言い方(地図)等を取り上げている。

教育出版

平成一六年検定・5年下〝方言とアクセント〟(七二〜七七ページ)

単語・文法・アクセントについて「方言」の例を「共通語」と対比させながら示し、方言と共通語の働きの違いを説明するとともに、方言地図(しもやけ)、親族呼称、アクセントについての実践活動が組み込まれている。

平成二二年検定・5年上　①〝方言と共通語〟(一六〜一七ページ)、②付録〝いろいろな方言〟(一三八〜一三九ページ)

①では、単語・文法・アクセントについて「方言」を「共通語」と対比させながら具体例を示して説明し、さらにアクセントについても方言と共通語とで違うことを説明。②では、身のまわりのいろいろな方言・親族呼称についての実践活動と方言地図(しもやけ)を取り上げている。

《中学校》

光村図書

平成一七年検定・2年〝言語②　方言と共通語〟（九五〜九六ページ）

「1方言」で方言によって異なる表現・アクセントの具体例・方言地図（捨てる）を、「2共通語」で共通語の機能や使われる場を、「3方言と共通語」で両者の使い分けや共存等の今後の課題を指摘している。

平成二三年検定・2年〝言葉③　方言と共通語〟（二〇四〜二〇五ページ）

小見出し「方言」「共通語」の部分は一七年検定版をやや簡略化した説明とし、三つ目の「方言と共通語、それぞれのよさ」では文化・伝統としての方言の具体例を示して説明しながら、方言と共通語の重要性を述べている。

東京書籍

平成一七年検定・2年〝方言と共通語〟（一八〜一九ページ）

「大きな古時計」の東北方言訳や井上ひさしの「國語元年」の一節を示し、方言の働きや共通語がなぜ生まれたかなどを説明している。

平成二三年検定・2年〝日本語探検1共通語と方言〟（二二〜二三ページ）

小見出し「共通語と方言」でそれぞれが何を指すかや使い分けを、「方言の語とその意味」で気づかれにくい方言や共通語で表現できない方言について説明し、「方言のこれから」で方言の変化の現状や今後の予測を述べている。

教育出版

平成一七年検定・2年〝言語　方言と共通語〟（一八六〜一八九ページ）

「方言」「共通語」とは何かを説明した上で、方言の特徴を共通語と比較しながら、語彙・音声・文法について述べている。さらに、「課題」「発展課題」を示して生徒の実践を促している。

平成二三年検定・2年〝言葉の研究室②　方言と共通語〟（二〇六〜二一〇ページ）

小見出し「方言はどうしてできるか」「方言のいろいろ」「共通語の成り立ち」「方言と歴史」「新しい方言」「社会方言」「方言と共通語の使い分け」に分けて、方言を中心に多角的に説明し、最後に「課題」を示して生徒の実践を促している。

以上の国語科の教材としての方言の扱いを見ると、小学校教科書の光村図書・東京書籍の平成二二年検定済み教科書において、共通語と対比させながら方言を取り上げるだけではなく、気持ちをより良く伝えるための手段としての方言の働き・重要性に注目した取り上げ方になっていることが注目される。とは言え、全体としては方言とともに共通語についても学習する教科書となっていると言える。実際の学校においては、このような教科書にしたがって、国語科の学習活動として方言（ならびに共通語）について児童生徒は学ぶことになる。そして、その学習に充てられる時間は、二時間程度のようである。また、教科書は日本全国どこにおいても使用できるものであるので、方言の扱い方は特定の地域に限定したものではない。したがって、児童生徒の住んでいる地域の方言を学習するのに適したものとは言い難い。気持ちを伝えるための手段として、方言が重要な役割を果たすという認識に立ち、それぞれの地域の方言を学ぼうとするなら、地域の方言の学習教材が必要であるのは言うまでもない。

三　地域の方言の学習教材の事例

方言学習教材の先行例として『みんなで学ぼう！金沢ことば』（加藤和夫二〇〇七）を取り上げる。同書を取り上げるのは、地域の方言を知り、それを使えるようにするための学習教材作りに、大いに参考になるものだからである。また、使える方言の学習のための教材という点においては、次節で紹介する茨城方言の学習教材に欠けている部分でもあるからである。

この学習教材は「はじめに」において、同書を使う小中学生や教師に向けて理解してほしいこととして、「⑴生活語としての方言の価値」「⑵方言を理解し、使うことで方言に自信をもち、地域に自信をもつこと」「⑶方言が日本語の豊かさを支えていること」「⑷地方の文化の一部と考えること」の四点を挙げている。そして、同書の内容・構成については、「現在の金沢市域で使われている金沢ことば（金沢方言）の中から、基本的かつ特徴的な内容」を盛り込み、「50歳代前後の金沢ことばを想定」して会話文を作成・改訂したとある。五〇歳代前後の会話文としたことについて、「子どもたちにとって比較的身近な親世代の方言でまず学んでもらい、その後自分たちの方言、さらに上の世代の方言へと興味・関心につないでもらう方がよい」という考えによるという。A４判、全七二ページである。

この学習教材は一三課と二つの付録等から成る。各課には、それぞれの課で取り上げる重要表現を使ったタイトルが付けられている。例えば「がや」（共通語の「のだ」にほぼ相当）を学習する第３課のタイトルは「風邪ひいてしもたがや。」であるなど。一つの課は四ページで構成されていて、その内容は、

一ページ目…「会話」（方言による七～一〇発話程度の会話文）、「ことば」（会話に使われている方言形とその共通語表現）、「共通語では」（会話の共通語表現）

二ページ目…「表現」（会話文に出てきた重要表現の解説と具体例）

三ページ目…「練習」（二ページ目の「表現」を使いこなすための練習問題）

四ページ目…コラム「金沢ことば豆知識」となっている。付録では発展的学習として「石川の方言と金沢ことば―概説―」と「同一例文の3世代(男女別)金沢ことば訳」を取り上げ、最後に参考文献を示している。

各課では会話文をまず示し、語句・重要表現を説明し、練習問題により重要表現の定着を狙った構成となっており、金沢方言が使えるようになることを目指した方言学習教材であることが明確である。また、一課四ページで取り上げられている内容は精選され、一回の授業で取り上げることができる内容量となっている。三ページ目の練習問題は各課二～三問が設問されている。練習の形式は、示された語句を使って金沢ことばの文にする、会話文の空欄を埋める、文の一部を金沢ことばに変える、共通語文を金沢ことばの文に変える、のどれか一～三つの形式である。このような形式は、外国語学習テキストでしばしば用いられる形式でもある。

各課の四ページ目の「金沢ことば豆知識」では、気づかれにくい方言、方言の世代差、新方言・ネオ方言などの社会言語学的な方言知識や、重要語句としては取り上げにくいものの金沢方言らしさにつながるものであるオノマトペ(擬声語・擬態語)、イントネーション、促音化など、あるいは感覚(苦しさ)を表す方言、「だら」、じゃんけんの方言と、多様なものを取り上げている。これらは方言に関する知識であるとともに、読み物としても楽しい内容と表現になっている。金沢方言に興味をもった児童生徒が、さらに方言の違った側面を知りたいと感じたときにも役立つものとなっている。

四　茨城方言テキストの試作

前節では、方言を使えるようにすることを一つの目的として作成された金沢方言の教材を取り上げた。同書の各課は、まさにその地域の方言を理解して使うことが目標であり、外国語学習のための教科書と類似点が多い教材となっていた。方言は日常生活で使われていることばであるから、それを使えるようにするための構成とすることは、方言教材としてあるべき形、望ましい形の一つだと言えるだろう。このような使える方言を目指した学習教材の構成は、本節で取り上げる茨城方言テキストにも盛り込みたい点でもある。しかし、方言によっては異なるところに重点を置いた教材があってもいいとも考える。

さて、茨城方言は関東方言としての特徴を持つ方言であり、したがって全国共通語との共通点、類似点の多い方言である。田中ゆかり・前田忠彦(二〇一二)では、茨城を含む北関東は方言と共通語に対する意識・態度として「クラス3：消極的使い分け派」に属すとしている。このクラス3について、「北関東・甲信越・北陸のような大都市圏周辺の地域の生育者が帰属しやすいクラス」（一三〇ページ）とし、生育地方言があまり好きではなく、家族や同郷の友人への方言使用頻度はある程度高いが、共通語との使い分け意識は高くなく、共通語へのやや矛盾した態度がうかがわれるクラスだと説明している。このことは、出身地方言に対する関心が低く、伝え残していきたい方言とは思っていない若者が多いということを表していると言えるだろう。このような地域で方言を教材として取り上げる場合、まず、地元の方言に気づくことから始め、そして興味を感じさせることにつなげていくのがいいのではないかと考えられる。

ここでは、茨城方言を学ぶためのテキストとして試作した『しみじみ茨城のことば茨城の方言を知る・方言で茨城を知るためのテキスト（試作版）』を紹介する。この茨城方言テキスト試作版（以下、「試作版」と略す）は、平成二五年度文化庁委託事業「方言がつなぐ地域と暮らし・方言で語り継ぐ震災の記憶～被災地方言の保存・継承と学びの取り組み～」（代表：杉本妙子）の取り組みの一つとして作成したものである。地域を知るための「試作版」として作成し、茨城県内の公共図書館や公立高校等を中心に配布した。A４判、全四七ページの三部構成（詳細は後述）である。以下に、「試作版」の目的、構成と内容について紹介していく。

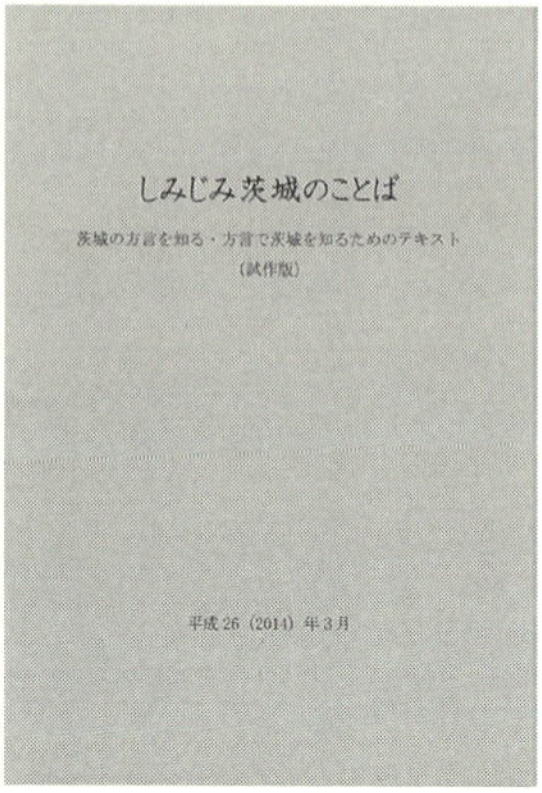

「試作版」表紙

試作版の目的

方言テキスト『しみじみ茨城のことば』試作の目的は、若い世代に地域の文化である方言に興味を持ってもらうこと、そして、地元のことばとはどんな方言かを学ぶとともに、その方言を介して高年層などの地域の異世代と関わり合いながら地域を知るための材料を提供することである。子どもたちが地域の方言に興味を持ち、お年寄りなどと方言を話題に話すことをとおして、地域の方言が人から人へと伝えられるとともに、地域活性化に発展していくことが最終目的である。

文化庁委託事業では、茨城県でも平成二四年度から被災地域の暮らしやその変化あるいは震災時の様子を、地域の方言で収録して方言談話資料を作成している。それらは、報告書等としてまとめ、図書館や文化庁のウェブページで公開するなどしているが、方言継承という点から考えると、取り組みの成果をもっと積極的に活用する方策を提案することが求められているだろう。その方策の一つとして、地域を知るための「試作版」を作成したというわけである。

「試作版」の構成と内容

『方言を救う、方言で救う―3.11被災地からの提言―』の「第6章　次世代に方言を伝えるために」には次の指摘がある。

（前略）方言の継承を促すために、研究者はまず方言の価値を地域住民に知らせていく必要がある。これまで研究者は各地で精力的に記録調査を行ってきたが、方言の重要性を伝えるという点では、それに加え、積極的に研究の成果を地域住民へと還元していかなければならない。いかに方言が地域特有の文化を反映し、それが地域のアイデンティティになりうるかということを伝える啓蒙的な活動が必要となってくる。

方言を題材にした書籍はすでに数多くあるが、地域の人々が手にとって利用できるものはそう多くはない。地域住民に方言への関心を高めてもらうために、あるいは、地域の人々が地元の方言に興味を抱いたときに、手軽に利用できるような解説書が編まれることが望ましい。（中略）もちろん、内容は学術用語がふんだんに使われる凝り固まったものではなく、わかりやすい表現にしておくことが重要である。（二一一ページ）

この指摘は、「試作版」の目的と重なる部分がある。「試作版」作成に当たっては、まずはどのような人が使うかを考え、その後で、どのようなことばで述べ、何をどの程度取り上げるかを検討した。

学校教育の現場で使用することを考え、また方言の特徴についての解説を理解できることを考えあわせると、中学生くらいの年齢層、あるいはそれ以上で使用することを想定するのが適当ではないかと判断した。おおよその使用者を想定した上で、実際には中学生・高校生の副教材として、あるいは生涯学習の場でのテキストとなるようなものとして作成していくことにした。文体は「です・ます体」とし、平易なことばづかいを心がけた。

内容は三部構成で、第1章では茨城方言の特徴を述べ、第2章では方言地図を取り上げ、第3章では方言のあいさつと方言談話を取り上げた。また第2・3章では「課題」と「発展」をいくつか設けた。それら「課題」や「発展」は、とくに中高生などの若い世代が地域のお年寄りなど異なる世代の方々と出会うきっかけとなることを意図して設けたものである。

以下に「試作版」の目次を示し、内容について簡単に説明する。

目　次

1　茨城方言の解説

（1）はじめに／（2）発音（音声・音韻とアクセント）の特徴／（3）文法の特徴／（4）語彙について／（5）敬語／（6）まとめ

2　方言地図で見る茨城の方言

（1）全国・東日本の方言地図／（2）茨城県と周辺地域の方言地図／（3）茨城県内の方言分布

課題1

3　方言で知る茨城の民俗

3-1　茨城方言のあいさつ

（1）水戸市下国井町のあいさつ／（2）北茨城市大津町のあいさつ／（3）高萩市高戸のあいさつ／（4）日立市のあいさつ／（5）大洗町のあいさつ／（6）神栖市奥野谷（旧神栖）のあいさつ／（7）神栖市波崎のあいさつ

課題2、3／　発展①

3-2　昔の子供の遊び

（1）北茨城市平潟のかつての子供の遊び／（2）神栖市波崎の初午の子どもの行事

課題4／　発展②

3−3　生活の中の地名

（1）震災と軍民坂の井戸水（水戸市）／（2）弁天山と砂山（神栖市）

課題5／　発展③

参考文献

第1章は、茨城方言の基礎知識を学ぶための章とした。全国方言の中の茨城方言の位置づけを、先行研究に示されている方言区画図等を用いて説明し、さらに茨城方言の方言区画について触れたのちに、発音・アクセント、文法、語彙、敬語の特徴を述べた。とくに発音・文法・語彙については、具体例を示しながら特徴を箇条書きで示し、それらの特徴について関東や東北などの他地域の方言の特徴と共通するものかどうか、全県的な特徴かどうかといった説明を加え、ややていねいに扱った。例えば、主な茨城方言の発音の特徴についての説明では、県内の大部分はいわゆる無アクセントであること、音声では九項目の特徴を具体的に示し、このうち連母音の融合やシュ・ジュがシ・ジになる傾向は関東地方に広く観察される特徴であること、語中語尾のカ行やタ行が濁音化することや濁音のジ・ビ・ズ・ブが清音化してチ・ピ・ツ・プになるのは東北方言と共通する点であるなどと説明した。文法の特徴では、変格活用の一段化、推量・意志を表す「ペ・ベ」、方向・

着点を表す「サ」、疑問を表す終助詞「ケ」などの一一の特徴を挙げて、全県的な特徴と県内の一部地域の特徴があることなどを指摘した。語彙については、自称と対称の代名詞、様々な動詞の接頭辞、生き物の名前につく接尾辞「メ」の三項目を、敬語については「～なさい」に当たる定型的な表現が見られることなどに触れた。

第2章では、方言地図を取り上げ、視覚的に茨城方言を理解するような記述にした。方言地図を用いることにしたのは、方言地図という視覚的なものを示すことによって方言への興味が感じられやすいと考えたためである。取り上げたのは、広域の分布図として「イル・オル(居)」「意志・推量のぺ・べ」「方向のサ」を、茨城県とその周辺地域の分布図として「ゴジャッペ」(でたらめ、いい加減といった意味の俚言)、「接尾辞メ」「眉毛」「まむし」「小遣い(こずかい)の発音」「ものもらい」を、県内の分布図として「葬式」「お手玉」を取り上げた。なお第2章で示した方言地図は、章末の「課題1　方言地図を作る」の参考にすべく、『日本言語地図』『方言文法全国地図』『関東地方域方言事象分布地図』および『茨城方言民俗語辞典』をもとに「試作版」用に手作りの地図(図1(元の図はカラー二色)、図2参照)を作成して示した。

第3章では、方言による会話とそのやり取りの仕方を取り上げた。「茨城方言のあいさつ」では七地点のあいさつの会話を、茨城の民俗として「昔の子供の遊び」と「生活の

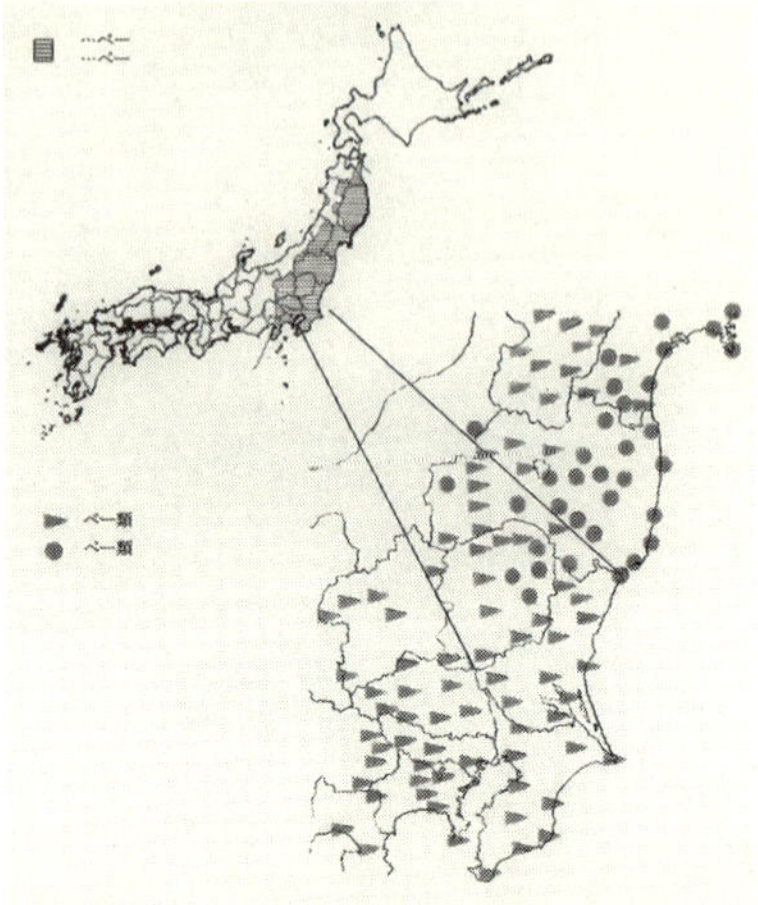

図1　しよう：意志の「ペ(ー)・ベ(ー)」

図2　「犬メ」と言う地域

中の地名」の各二談話を取り上げた三つの部分から成る。それらは、平成二四・二五年度文化庁委託事業の談話収集調査の成果をもとにしたものである。また、三つの部分の各末尾には「課題」と「発展」を示した。その見出しを順に示すと以下のとおりである。

課題2　あいさつの表現をまとめる
課題3　訪問時のあいさつを調べる
発展①　他地域や外国のあいさつを調べて、比較・考察する
課題4　お年寄りに子供の頃のことを聞く
発展②　昔の遊び・行事を復元・記録する
課題5　生活の中の地名を調べる
発展③　地域の生活・伝統マップを作る（取り組みのためのヒント二例）

これらの「課題」「発展」のほとんどは、身近な人に聞いて調べることを前提にしたものである。例えば、「課題3」（三六ページ）と「発展②」（四一ページ）を示すと、以下のとおりである。

課題3　訪問時のあいさつを調べる

近所の人の家を訪問する時の言い方を調べてみましょう。知り合いに道で会った時

は、時間帯によってあいさつの表現が違っていました。また、相手との関係によっても違う場合がありました。訪問時はどうでしょうか。皆さんの身近にいるおじいさん・おばあさん世代の人や、お父さん・お母さん世代の人など、年齢の違ういろいろな人に聞いてみましょう。

発展②　昔の遊び・行事を復元・記録する

お年寄りに昔の子供の遊びや子どもの行事を詳しく聞いて、それを実際に体験したり、実際に行えるくらい詳しく記録してみてください。つまり遊びや行事を復元する、復元のための記録を残すということです。遊び・行事を復元するためには、何人かのお年寄りにいっしょに話してもらうのがいいでしょう。話を聞いていると、お年寄りの使う知らない方言にも出会えるかもしれません。

筆者は、「試作版」まえがきに、「「課題」や「発展」は、とくに若い中高生の方々が地域のお年寄りなど異なる世代の方々と、方言や地域の民俗を話題に話をするきっかけになればと考えて設けました。きっかけは始まりですから、そこから人と人とが方言でつながり、さらに広がっていくことを望んでいます。」と記した。学習によって方言や地域の暮らしへの興味を抱いた中高生などが、「課題」や「発展」に取り組むことをとおして身近なお年寄りなどと話すことになり、それによって人と人とがつながりながら方言や方言を育んだ地域の暮らしを伝えることに発展していくと考えたからであり、またそれを望んでいるからである。

五　「試作版」の課題

「試作版」を実際に中学校や高等学校で使用するためには、どのような課題があるだろうか。平成二六年三月に、茨城県内の複数の自治体の公立中学校を中心に「試作版」とともにアンケート調査票を送付し、同年三～五月にかけて調査票を返送してもらって回収した。回収数は、中学校六三、自治体教育委員会四の計六七である。回答を見ると、茨城方言への関心は高いが、適当な茨城方言の教材はないこと、「試作版」については難易度や分量は概ね適当だが、使用するには課題がある、という回答が多かった。課題として指摘されたことをいくつか示すと、イラストやＣＤなどの視聴覚的な工夫が欲しい、会話の場面を表すイラストがあるとよい、課題・発展の目的を明示したり、目立たせたりして扱ったほうがよい、などであった。

また、筆者が担当した平成二六年度後学期の茨城大学教養科目「方言を知る・方言で知る」(「試作版」をテキストの一部として使用)では、講義においてもっとも学生が興味を持って取り組んだのは、方言会話の実践であった。例えば、茨城方言の特徴である「ペ・ベ」を使って短い会話を作って実際に会話してみたり、方言の会話や談話の音声データをまねて発話してみたりする、という実践であった。大学生にとっても、方言を口に出してみることは学習意欲に大いに関係することがわかった。この講義ではまた、方言が使われている商品や標語、街中の看板の方言などを収集し、それらをもとに方言の働きを考えた。この活動をとおして、日常の生活空間のあちこちに、実は方言があることに気づくことにもなったと考えている。

これらのことから、「試作版」の改訂版作成のための課題とその対応策が見えてきた。例えば、意欲的に方言学習に取り組むためには実践活動を促す具体的な工夫が重要である。それに対しては、『みんなで学ぼう！金沢ことば』において、実際に方言の語句を使えるようにするための会話文の例示とその定着のための数種類の練習問題の提示という構成が、良い参考となると考えている。また、方言が若い世代とお年寄りとをつなぐものとなるためには、「課題」「発展」の示し方にも工夫が必要である。実際の学習の場でどのように取り上げることができるかの例示や取り組み例などを示したものを、教材とは別に作成するのも一つのやり方だと考えられる。地元の方言への気づきを促し、興味を持つきっかけとするには、日常生活の中にある方言探しが、おそらく中高生にとっても役立つだろう。このようなことを考えつつ、まずは「試作版」の改訂版作りに取り組みたい。なお、より魅力的な教材とするにはＣＤやＤＶＤなどの視聴覚教材を添えることが望ましいだろうが、それについては改訂版作成後の課題にしたい。

文献

加藤和夫(二〇〇七)『方言学習教材シリーズ1　みんなで学ぼう!金沢ことば』科学研究費基盤研究(C)「現代方言の記述に基づく方言学習教材作成のための基礎的研究」研究成果報告書
田中ゆかり・前田忠彦(二〇一二)「話者分類に基づく地域類型化の試み—全国方言意識調査データを用いた潜在クラス分析による検討—」国立国語研究所論集3、一一七〜一四二ページ
東北大学方言研究センター(二〇一二)『方言を救う、方言で救う—3.11 被災地からの提言—』ひつじ書房

第四部　伝えるために方言に触れる場を作る

第七章　語りの会　発信！　方言の魅力

―南部弁トークショー・方言で語る昔コ・津波体験紙芝居―

今村かほる

一　はじめに

青森県の二大方言である津軽弁と南部弁の境界は、旧津軽藩と南部藩の境界である平内町狩場沢と野辺地町馬門の間にあることで、つとに有名である。しかし、青森県の義務教育で使用されている社会科の副教材にも、津軽と南部の境界は記されておらず、意外にも津軽と南部の境界がどこにあるのか知らない学生や住民が見受けられる。

東日本大震災においては、太平洋側の南部地域を中心に地震と津波被害を受けた。一方、日本海側の津軽地域は微細な被害で済んだため、被災県でもあるが、支援する側でもある。南部地域の被災住民においても、自分たちの被害よりももっと辛い思いをしている地域があるので、辛いなどとは言っていられないという意識がある。

しかし、実際には住宅の一階の天井まで津波が押し寄せ、松の木に捕まって助かった経験を持つ人や、生活基盤の農業・漁業施設を流されてしまった人、津波にあった住宅地から住民が転居して集落が櫛の歯が抜けるようになってしまったなど、それぞれの震災体験を持っている。

青森県では、津軽方言と南部方言について、平成二五年度は「発信！　方言の魅力―体験する青森県の方言―」、平成二六年度は「発信！　方言の魅力　―かだるびゃ・かだるべし青森県の方言―」と銘打って、今村とゼミ学生をはじめ、東奥義塾高校の坂本幸博・渋谷修氏、東京大学大学院博士課程大槻知代さん（平成二六年度から）と共に取り組んだ。

青森県の津軽と南部地方は、津軽藩・南部藩の成立の経緯や、明治初年まで敵味方に分かれて戦ったことなどの対立から、同じ県であっても住民の間の対立意識や文化的違いは、現在に至っても根強く感じられ、ことばの違いも具体的にはよくわからず、身近に感じることはないが、違うということだけは報道等でも繰り返し取り上げられ、強く認識されている。そのため、何事も津軽対南部のように対照的な点ばかりが注目されがちで、方言についても、同じ東北方言としての共通性については、（少なくとも一般の興味関心においては）あまり注目されて来なかった。そこで、被災地方言の何を・どのように保存・継承すべきなのか模索する中で、まず、地域住民の意識について調査を行った。そして、その意識調査に基づいて、さらに次世代に継承するため方言に触れる場を作る取り組みを行った。

二　方言に関する意識

文化庁の事業目的として、平成二四年度までの被災地方言の実態に関する調査・研究という位置づけから、平成二五年度からは、「方言による地域の活性化」や「方言の保存・継承」という新たなテーマの展開をみた。方言の「保存・継承」とは、一体いかなるものか、そこに方言研究はどのように関わるべきなのか、答えを模索した。そのため、まず地域住民が方言とそれを取り巻く生活について、どんな意識を持って生活しているのかについて把握することから始めた。

明治以来、進められてきた方言撲滅・矯正、標準語化の教育政策により、当該地域を含む東北各地は、方言に価値が見いだせないばかりか、「方言コンプレックス」や「スティグマ（社会的に望ましくないと思われている特徴）」を感じていた。そのため、東日本大震災が発生するよりも前から東北方言は衰退していたことが、二〇一二(平成二四)年度の危機言語調査(青森県・岩手県・宮城県・福島県・茨城県)により明らかになった。

青森県の南部方言調査(六カ所村・三沢市・おいらせ町・八戸市)においても、今村(二〇一三)で示したように「方言を残すと言っても、いつの時代の何を残せばいいのか、わからない」とか、「方言を残すと言っても、通じないいんじゃ意味がない」のように、話者が方言の価値を認識できなかったり、津軽弁に比べて機能が低下し、共通語化が進んでいることが確認された。地域住民は、方言の何を・どんな方言を残したいと考えているのか、調査を行ったところ、次のような意識が明らかになった。

質問：ご自分の子どもさんやお孫さんに、方言を受け継いでいってほしいと思いますか？

回答：文化として大事にしたい・してほしいとは思うけれど、今はあまり話さないから、段々と無くなって行ってしまうだろう。(三沢・おいらせ・八戸)

孫に方言を話しても「何それ、何言ってんの？」と言われてしまい、通じない。(三沢・おいらせ・八戸)

生まれ育ったところのことばだから、「残シテイカナキャナイ」〈残していかなけ

ればならない〉」と思うし、都会の人にも方言を使ってアピールしている。（おいらせ・自治体関係者）

質問：この地域の伝統的なお祭りや芸能と比べて、方言を残していこうという考えや具体的な取り組みはありますか？

回答：考えたことがない。（六ヶ所・三沢・八戸の自治体関係者）

都会の修学旅行生や宿泊学習生やその学校への案内状などを、南部弁で作成して送っている（おいらせの自治体関係者）

方言は、お祭りなどと違って、いつの時点の何を残していったらいいのかわからない（六ヶ所・三沢・八戸の自治体関係者）

昨今では国の施策において方言に対する位置付けに変化が見られる。明治以来、戦前・戦後と続いてきた方言撲滅や矯正ではなく、「地域の文化」・「人間関係を担うもの」としての価値付けである。

第二十期国語審議会は、平成七年（一九九五年）に発表した「新しい時代に応じた国語施策について（審議経過報告）」の「I言葉遣いに関すること」において「方言の尊重」

を盛り込んだ。

方言は地域の文化を伝え、地域の豊かな人間関係を担うものであり、美しく豊かな言葉の一要素として位置付けることができる。「方言の尊重」とは、国民が全国の方言それぞれの価値を認識し、これらを尊重することにほかならない。

方言は地域の言語生活を生き生きとさせる豊かな言葉ではあるが、全国的なコミュニケーションの基本は共通語である。従来の教育成果やテレビの普及等によって全国的に共通語が広まっているが、今後も両者が役割を分担しつつ共存していくことが望ましい姿であろう。

「方言の尊重」のための方策としては、例えば、児童生徒が地域に伝わる民話や芸能、あるいは高齢者とのコミュニケーションによって方言に触れること、さらに他の地域の方言についても知識や理解を深めることなどが考えられる。これらは、言語感覚を養い、豊かな心を育てる上でも有益であろう。

学校教育においても従来、地域の現実に即して、共通語と方言との共存を図りつつ、適切な指導がなされているところであるが、今後も学校、家庭、地域社会等がこのような認識の下に更に方言に親しむための工夫をすることが望ましい。

さらに平成一六年二月の文化審議会答申においては、「地方の伝統文化や地域社会の豊かな人間関係を担う多様な方言については、地域における人々の共通の生活言語であり、同時にそれぞれの地域文化の中核でもある」のように述べており、方言の位置づけが以前とは変化している。しかし、東北方言は、長年の標準語・共通語普及教育の中で、方言撲滅や訛音矯正の問題と常に共にあったため、標準語や共通語を、「いいことば」と表現し、話者の多くは文化としての方言に価値や意味が見いだせないでいる。子や孫の世代には、残してほしいという気持ちもあるが、押しとどめようもないという無抵抗ともいうような意識が見受けられる。

特に南部地域の話者は、同じ青森県であっても、「津軽の人の言うことは訛っていてわからないけれど、南部の方がわかりやすい（訛っていない・共通語に近い）」という意識を持っているようである。しかし、一方で自分の話す言葉は「南部弁だから恥ずかしい」とか、「いいことばしゃべれないよ」のように、普段のことばは方言を使っていることを自覚しているが、それはアクセントや「上げ下げ」という音調の問題としてとらえられていることがわかった。

三　方言は地域を越えられるのか？

これまで方言は、ある限られた地域の人々の間において通用する、だからこそ共通語にはない、微妙な表現が可能で、心が通じ合うものだと考えられてきた。実際に今村（二〇一三）で明らかにされたように、震災後、岩手県大槌町・釜石市・陸前高田市で活動した心のケアチーム陸上自衛隊第九師団「お話し伺い隊」（青森県出身）などによれば、全国の支援者が活動する中で、以下のように方言の違いが問題となる事例が確認されている。

言葉が通じないというほどの会話はなかったけれど、お年寄りの方は方言の色が強く、ネイティブな発音だった。

一方、支援者でも関西の方の人たちは、東北弁はわからないと思うし、被災者側も支援者の関西弁を警戒すると思う。関西の方から同じようなボランティアの方が来たけれど、被災者側が一切「いいです。」っていう感じで、すごい拒否反応があったと聞いている。お話し伺い隊が、被災者に話しかける切り込み方は「あったかい　お茶っこでも　飲みながら話っこするべし〜」みたいな感じだった。支援の際、方言を使った方がお話ししやすくなることは、あると思う。被災者も話しやすい感じはあると思う。

このように、方言が近い支援者は特に大きな問題はなかったようだが、関西からのような異なる方言を持つ支援者には、「心のケア」という人の内側に関わる活動ということも相まって、被災者側の「拒否反応」があり、苦戦していたようである。

しかし、震災後の方言による声かけは、共通語のもの以外に

A：他地域の支援者が被災地の方言を用いて応援する

B：他地域の支援者が自分の方言を用いて応援する

のような、これまでとは異なる用いられ方がされている。つまり、共通語の「がんばろう」では表現しきれない、

A：あなたの地域のことば・方言であなたに少しでも寄り添って応援したい

「けっぱれ」「がんばっぺし」

B：自分の心が表せることば・方言で応援したい

「ちばりよー」「がんばらんね」

のような表現である。

このような方言による声かけについては、田中（二〇一二）では「方言エール」、魏ふく子（二〇一二）では「方言スローガン」として、実物の紹介を含め詳細な報告がある。今村（二〇一三）で報告したように、Ｗｅｂ上では、ボランティアに行こうとする人が「東北の方言を教えてください。」と言うと、「東北の人間は方言しか話さないと思っているのか？」とか、「馬鹿にされた感じがするので、やめた方がいい」のように、他地域の支援者が東北方言を使うことに対する否定的な意見が多かった。しかし、今回の調査では、被災地域の方言を用いた声かけも、支援者の自方言を用いた（つまりは被災者にとって他方言による）声かけに対しても、「却って共通語より温かみを感じる」とか、「共通語のように突き放した感じがしない分、応援してくれてるんだなという心のこもった感じや親しみを感じ」ており、特に不快感や馬鹿にされたような印象は持っていないことが明らかになった。

つまり、ネイティブでなくてもその土地の方言を使うことが、被災者に寄り添い、尊重することになったり、方言の持つ心や気持ちを表すという機能が、地域を越えて、他の方言の地域においても果たされるという、これまでとは異なる方言の働き・役割が確認される。方言は地域の限定とこれまでの機能・役割を越えて、新たに、共通語では表しきれない「心を伝える言葉」としての働きを獲得しつつある。

四　方言に触れる場を作る

しかし、ここまで見てきたように、国の方言に対する位置付け・認識が変化しても、方言が地域を越えて新たな働きを獲得しても、大きな流れとして、方言の衰退は否めない。共通語化や教育の影響だけなく、国際化・核家族化・長寿高齢化・少子化など社会生活そのものが変化し、方言の価値が見出しにくくなっている昨今、方言を保存・継承するというのは、それほど簡単なことではないからである。それは、南部地方よりも方言色が豊かな生活を営んでおり、方言の横綱と称される津軽地方であっても同様である。より方言の価値が見出しにくくなっている南部地域を含め、地域住民が、津軽と南部の両方言からなる青森方言の魅力や価値を、若年層・高年層のそれぞれの立場で発見し、今後に継承していけるようにするためには、工夫が必要である。

そこで、震災の体験談話を収集・記録をする活動や、教育現場でも副教材化が進んでいない南部弁の基礎的調査を実施して国語教育に活用できる教材・素材作りしていく活動を行うのと並行して、地域住民が直接、方言と出会い、多彩な方言の魅力を地域の力として発信していけるように、主として以下の企画を実施した。

①方言ラジオ体操・演劇・昔コを中心としたトークショー

②南部弁と津軽弁による昔コの語りの会

③震災体験紙芝居「つなみ」を語る会

以下、これらについて紹介する。

①方言ラジオ体操・演劇・昔コを中心としたトークショー

南部弁と津軽弁には、それぞれその豊かな方言色を活かしたタレントさん達が活躍している。その中で、八戸市周辺の市場で働くお母さん達のキャラクター「イサバのカッチャ」で有名なタレント十日市秀悦氏と、八戸市中央公民館長で八戸市おとぎ話の会会長柾谷伸夫氏を中心として、方言によるラジオ体操や演劇により、被災者を元気づけたり、方言の魅力を感じられる体験支援「第一回南部弁の日」を、平成二五年一二月六日に八戸市ポータルミュージアム「はっち」で行った。この日は、南部弁を中心とした郷土史研究家である正部家種康氏の命日にあたる。（ちなみに津軽弁の日は高木恭三の命日に由来している）

方言を使った健康増進活動としてのラジオ体操は、沖縄県石垣島の「新川スマムニラジオ体操」のような例があるが、東日本大震災を契機とした方言ラジオ体操は、宮城県石巻市において「おらほのラジオ体操」として生まれた。『おらほのラジオ体操』の中で発案者西根英一氏が二〇一一年四月に作った趣意書には、以下のような一文が掲載されている。

きっと、「ラジオ体操は健康にいい」と声高に叫んでも、伝わらなかったでしょう。みんなは、「おらほのラジオ体操」のなかに《正しいもの》でなく、《いいもの》を見つけたのです。《いいもの》を見つけると、笑顔になるんですね。被災者も、支援者も、日本人も、ガイコクジンも。

八月一二日にラジオ石巻で放送されて以来、インターネット動画で紹介されて全国的に話題となる一方、仮設住宅をはじめ被災各地でラジオ体操が行われ、自分たちもやりたいという希望が寄せられてＣＤやＤＶＤも作られた。「おらほのラジオ体操」の掛け声を石巻方言に訳した谷川正昭氏によれば、仮設住宅で行われる各種の催し物の中で、いちばんといっていいほど皆が集まるイベントだという。日頃、不足しがちな仮説住宅内をはじ

柾谷伸夫さんの好きな南部弁「おしずがっこに　おんであんせ」（お気を付けてお帰り下さい）

十日市秀悦さんの好きな南部弁「たぐらんきゃ」（馬鹿者）

めとした日常生活でのコミュニケーション行動を再活性化できるだけでなく、実際に体を動かすことで生活不活発病への対策としての効果も実証されており、「方言で元気になる・元気を取り戻す」そんなことができるのだという一つの証明であろう。

その後、津軽弁や京都弁、鹿児島弁、ウチナーグチなどをはじめとする各地の方言の他、英語・イタリア語・ギニア語などによるラジオ体操も作られ、ＣＤ発売されるほど広がりを見せている。（参考文献参照）

南部弁では、既に十日市さんが東日本大震災より前の二〇〇八年に「おらほのラズオ体操」を作っていたことが判明し、この舞台へとつながった。

演目は、「イサバのかっちゃ」パフォーマ

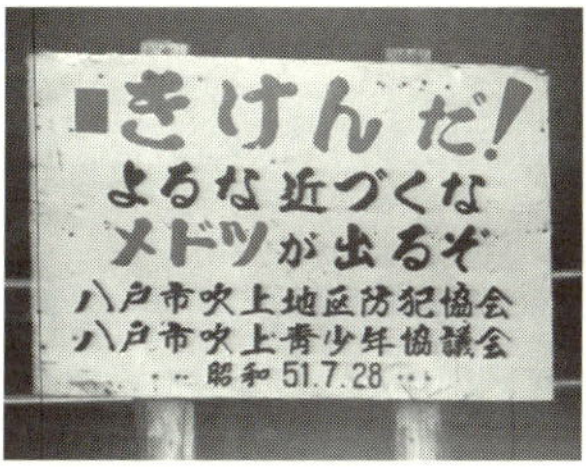

メドツ（河童）に注意の看板

「おらほのラジオ体操」

ンスはもちろん、生活の中の一場面を切り取った短い演劇や、八戸市の小学生と中学生が方言を使って書いた作文の朗読、南部弁の歌詞で歌われるシャンソンやサルサ、南部弁で書かれた看板のコーナーの他、「朝まで訛っテレビ」と題して南部弁の魅力やどうしたら方言を残していけるかについて議論するコーナーなども設けられた。また、市内の高校の書道部生の書いた「私の好きな南部弁」を舞台小物として使うなどの工夫も加わって、南部弁づくしの夜となり、会場は大盛り上がりとなった。まさに、被災地の方々を方言で元気づけることができた。

来場者アンケート（有効回答数七三名）によれば、「地域の方言について、保存・継承していく必要はあると思いますか？」という質問に対し、大いにある・ある程度あるという回答が98%であり、地域住民としては方言の保存継承を望んでいることが確認された。

感想をたずねたところ、以下のような記述があった。

表1　トークショーに関する感想　単位%

満足	まあ満足	普通	不満	無回答
75.3	11.0	0	0	13.6

・とにかく楽しかった、面白かった！　八戸をますます好きになった。（二〇代女性）
・難しい話がなく、楽しく話題を展開できる出演者が揃っていて、こうした入口は大切であり、継続して欲しい。盛りだくさんで贅沢だった。（四〇代男性）
・大都市八戸だからこそ、これだけの役者が揃うのだと思うが、ぜひほかの地域でもやってほしい。帰りに出演者が使った方言の訳が入ったグッズ（用紙）がもらえたらいいと思った。（四〇代女性）
・生まれ育った地元の言葉や風習をもっともっと復元して市民が元気になればいい。（七〇代男性）
・方言は温かみがあり、土地柄をあらわすので大いに伝承させたい。津軽弁にも負けないように広めたい。（六〇代女性）

このアンケートからも、①若年層も高年層も方言でつながり、心から笑って元気になることができ、②方言の持つ温かみや土地柄との結びつきことばの機能を感じ、さらには③自分の方言を知覚することによって、他の地域の方言についても考えを致すことができるという、社会的コミュニケーションツールとしての役割を認めることができる。

佐藤・米田（一九九九）は、地域の中で方言の果たす役割について着目し、「方言の言語的価値や存在意義を見いだしにくくなった社会」である「共通語中心社会」と、「共通語はもちろん通じるのだが、方言を使って生活した方が地域社会内での人間関係をうまく保てる社会」である「方言主流社会」に分類している。津軽方言の例である弘前は「方言主流社会」、仙台方言は「共通語主流社会」に位置付けられた。このような方言が果たす役割が、いわば文化的価値を重視する社会と、実質的にコミュニケーションツールとして機能している社会とでは、何を・どう保存継承していくのかという道筋にも自ずと異なる点があると考えられる。

そこでトークショーにおいては、方言主流社会の津軽方言と、それよりはいくぶん共通語主流社会に近くなっていると考えられる南部方言について、共通語とは異なることばの機能や心を伝えることばとしての側面を重視して、方言の魅力や実際の表現の違いを体験できるものを中心にすることが大切であると判断した。また、会場からの声として、「津軽弁と南部弁の両方聞いてみたい」、「お隣の岩手のどこまでが南部弁なんだろうか？」

方言ミニ講座

という声に、大学の持つ学問の力で応えるべきだと考えた。

そのため平成二六年度は、津軽南部両方言の昔コ（津軽弁語り：千葉涼子・三橋光子、南部弁語り：柾谷伸夫・佐々木和子）のほか、南部弁の南限である釜石の「漁り火の会」の語りのみなさんにも加わっていただき、昔コ（昔話）を中心にして第二回南部弁の日「やるびゃ・やるべし南部弁サミット」を開催した。

その際、弘前学院大学生による「方言ミニ講座」として、東北方言の区画や特徴についても簡単にまとめて発表した。参加者から「方言を研究している人がいると知ってびっくりした」とか、「初めてどこまで南部弁なのかわかった」などという感想が寄せられた。学生達は学問を通して地域社会につながっていくことの難しさと重要性を認識した。さらに小学生や外国人も含む語り部講座の受講者のみなさんによる方言の語りに挑戦コーナーを設け、方言を体験し継承していく取り組みを行った。

②南部弁と津軽弁による昔コの語りの会

被災地方言である南部方言（南部弁）と、同じ県内の方言である津軽方言（津軽弁）は、お互いにあまりなじみがなく、面接調査によれば、テレビの番組やＣＭなどで見聞きす

大成小学校　鬼婆と小坊コ

南部弁と津軽弁でかだる昔コ

ることがあっても、「聞いてもわからない」というのが当たり前のようにすら感じられている。そこで、共通するお話・似たようなお話のある昔コ（昔話）の語りを通して、南部弁と津軽弁両方にふれあう語りの会を企画した。平成二五年度には避難者を含む弘前市民を対象として（語り：南部弁・柾谷伸夫氏、津軽弁・川村勝氏）、二六年度には南津軽郡西目屋小学校（全校）と弘前市立大成小学校（五年生）の児童を対象として実施した（語り：南部弁・柾谷伸夫氏・佐々木和子氏、津軽弁・川村勝氏）。

　昔コの中には、今は地名だけが残っている池や沼、山など登場する。○○という地名は、こういういわれがあって、こうした名前になったのだという社会科の学習とつなげていくことも可能である。

　小学校では「鬼婆と小坊コ」いわゆる「三枚のお札」の物語を、津軽弁と南部弁で語ることで、内容の理解よりも方言独特の豊かさや面白さを肌で感じるとともに、津軽方言と南部方言という方言の違いや同じ東北方言としての共通性を身近に感じてもらうことを期待した。また、自分が持つ文化（方言）とは違うものを認め尊重する姿勢を作るきっかけになることを希望している。

大成小学校の児童の感想には、次のようなものがあった。（一部、漢字や表記を改めた）

・南部弁と津軽弁は似ている感じもするけどよく聞けば全然、違う所があったり似ている所があったりして話を聞くのがとても楽しかったです。

・話し方の違いについてわかったところは話の終わり方の違いです。津軽弁の終わり方は「とっちぱれ」なのに、南部弁が「どっとはれ」というのが違うんだと思いました。

・わたしは、方言の学習会で二つ思ったことがあります。一つ目は、津軽弁と南部弁で聞こえ方が違ったことです。最初の津軽弁の話で和尚様と鬼婆が話している場面で、けんかをしているような口調に聞こえました。逆に、南部弁は津軽弁と比べて大人しい感じに聞こえました。同じ県でも地域によって言葉やアクセントが違うんだな、と思いました。二つ目は、津軽弁や南部弁はその地域でしか使われていないので、もしなくなってしまったら、二度と戻ってこないと思います。だから私達が方言を受けついでいきたいと思いました。

このように、子供達は素直に感じ楽しむことで方言に興味を持ち、使ってみようとすら考えている。感想の中にも見られた昔話の結句・結末句の表現については、稲田・稲田（二〇一〇）でまとめられているように地域差がある。津軽には広くとっちばれ系である「とっちぱれ」や「とちぱれこ」のような表現や一期栄え系の表現が、南部にはどっとはらい系の表現が分布していることが明らかになっている。

地域におけることばの世代差は、長寿・超高齢社会である日本において大きな問題であり、その土地で生まれ育った若者でも高齢者の話す方言が理解できないために世代を超えたコミュニケーションがうまくいかない例が、医療や福祉の現場で起こっていることなどは、今村（二〇一一）等で報告されている。小学校をはじめとして、大学教育に至るまでの教育の現場において、方言と共通語をどのようなものとして位置付けていくのか、教材としての方言教材や授業案の開発・提示が重要であることがわかる。

③震災体験紙芝居「つなみ」を語る会

田畑ヨシさんは、一九二五年に岩手県下閉伊郡田老村（現・宮古市田老地区）に生まれ、昭和八年の三陸大津波と東日本大震災、人生二度にわたって津波を経験し、現在は青森市

紙芝居「つなみ」表紙

震災体験紙芝居と懇話会

に避難・転居されている。紙芝居「つなみ」は、津波の時は祖父から聞いた「裏山に避難しろ」という教えに救われて生き延びたことから、言い伝えることの重要性を感じ、自身も津波で母を失った体験と、祖父の教え、津波の体験をお孫さんに伝えるために製作された。それから現在まで約三〇年、津波を知らない若い世代に伝えるために各地で紙芝居を上演している。

東日本大震災の折は、偶然、紙芝居「つなみ」は宮古市教育委員会に貸し出されていたために、奇跡的に流失を免れた。震災以降、青森市に住む息子さん夫婦のところに避難しておられ、二〇一一年の五月二一日から紙芝居の上演を再開し、津波体験を語り継いでいる。また、東日本大震災の体験に基づく「つなみふたたび」を製作している。

紙芝居上演の後、田畑さんを囲んで参加者からの質問コーナーを設け、津軽の人々や津波を経験したことのない若い世代に継承していくきっかけ作りをした。

紙芝居に参加した学生の感想の中には、次のようなものがあった。
・紙芝居から津波の怖さや命の大切さを感じることができた。田畑さんの口調（方言）に聞き入ってしまった。
・臨場感があふれていて、ひしひしと津波の怖さが伝わってきた。
・津波を経験し被災した人にしか味わえない辛さ、悲しさをこれからも「紙芝居」という形で後世に語り継いで言ってほしいと強く思った。

実体験をその人そのものを表せる方言で語ってもらうことで、共通語とは違った伝わり方で若い人たちの心に語りかける作用が観察される。

五　おわりに

南部方言は、その内部地域差が津軽方言よりも大きいとされているが、津軽方言ほどにはつまびらかにされていない方言である。そのため、基本的事項を調査し、「記録して保存」する必要もあるだろう。一方で、方言を「活用して保存」する道筋もあるだろう。例えば①津軽方言や共通語と比較対照し、国語教育で活用できる基礎資料や教材の作成をすることであったり、②方言の語りを通して子供たちに方言を使った自己表現を身につけていくことや、③その作業を一緒にすることで大人も方言の伝承に積極的に関わること、④方言そのものを楽しむトークバラエティーショーなどで、より方言を身近に感じることなどである。

そして、方言は人を勇気付け・元気付けることができ、方言でしかできないこともあることに気づけるよう、「方言の豊かさ」を実感する取り組みの工夫が求められているのである。

参考文献

稲田浩二・稲田和子(二〇一〇)『日本昔話ハンドブック　新版』三省堂　五〇ページ
今村かほる(二〇一一)「医療・福祉と方言」『日本語学』三〇(二)(通号375)三〇~四〇ページ
今村かほる(二〇一三)『東日本大震災において危機的状況が危惧される方言の実態に関する調査研究(青森県)』弘前学院大学今村かほる研究室(文化庁ＨＰ)[http://www.bunka.go.jp/kokugo_nihongo/kokugo_sisaku/kikigengo/pdf/aomori_01.pdf]
おらほのラジオ体操実行委員会(二〇一二)『おらほのラジオ体操』エムオン・エンタテインメント
魏ふく子(二〇一二)「方言は被災者を支えることができるか」東北大学方言研究センター『方言を救う、方言で救う―3.11被災地からの提言―』ひつじ書房
佐藤和之・米田正人(一九九九)『どうなる日本のことば』大修館書店　四一~四三ページ

田中宣廣（二〇一二）「地域語の底力―方言エールと経済言語学への方法―」『日本方言研究会第九三回研究発表原稿集』

参考URL

第二十期国語審議会（一九九五）「新しい時代に応じた国語施策について（審議経過報告）」
http://www.bunka.go.jp/kokugo_nihongo/joho/kakuki/20/index.html
平成二六年一二月一九日参照
文化庁文化審議会（二〇〇四）「これからの時代に求められる国語力について」
http://www.mext.go.jp/b_menu/shingi/bunka/toushin/04020301/002.htm
平成二六年一二月一九日参照

CDアルバム

（オムニバス）（二〇一三）『ラジオ体操第1お国言葉編』テイチクエンタテインメント
（オムニバス）（二〇一三）『ご当地版ラジオ体操第1』日本コロンビア

第八章　地域の言葉で昔話を語り継ぐ活動

大野眞男・竹田晃子

一　昔話を語るということ

遠野出身の文学青年佐々木喜善が、訛りの抜けない遠野言葉で語った北上山地の山里の伝説や噂話を、柳田国男が見事な雅文体にうつしとった『遠野物語』が刊行されてから百年以上が経とうとしている。同書から昔話研究が始まったとされるが、実際に喜善が語った、あるいは遠野で語られてきた伝説や昔話は、柳田流の宇治大納言でも意識したかのような説話文体などでは決してなく、土の匂いもかぐわしい地域の方言で語られていたはずである。現在でも、遠野をはじめとする岩手の山村・漁村においては、脈々と地域の言語伝承が息づいており、伏流水が山からしみだすように土地の言葉で語り継がれている。

震災と津波の被災地においても、地域に根づいた様々な伝説や昔話が歴史の記憶として語り継がれてきた。図書館の難解な文献をひもとくまでもなく、日々の暮らしの一部として、地域の歴史や庶民の教訓が日常の話し言葉すなわち方言で語り伝えられてきたのである。蔵書ごと津波で流された図書館が被災地には少なくないが、土地の記憶を土地の言葉で語る人々の営みが継承される限りは、いまは荒れ野のようになった土地にも必ず地域文化の精華が花開く日々が訪れることだろう。昔話を地域の言葉で語り継ごうとする人々の胸には、単なるノスタルジアなどではなく、地域の未来を見つめ復興を期する強い思いが込められている。

民俗学では語られる内容・形式に焦点を当てて昔話そのものを分析するが、ここでは言語行動を観察する社会言語学の切り口から昔話を語る行為の全体像を眺めてみよう。D・ハイムズの「ことば使いの民族誌」の観点から、昔話を語ることを一つのスピーチイベントとしてとらえてみると、どのような構成要素の特徴がそこに見られるだろうか。※1 ハイムズの初期モデルで示された七つの要素のうち、〈送り手〉と〈受け手〉については、家族の中の年長者と年少者、例えば祖母と孫のような身近な関係者から構成される。〈状況〉は夕飯後に炉端を囲んで、〈媒体〉はむろんゼロ媒体、つまり直話である。〈メッセージの形〉については、遠野などの場合、「むがす、あったずもな」で始まり、「どんとはれ」で結んで、話の中だけは現実からかけ離れた時間と空間であることを示す額縁構造をとっている。〈話題〉も、現実には存在しない、しかし生活世界に何らかの錨をおろした、例えば土地の記憶として語られるような者たちが登場する。そして〈コード〉、つまり語りに使われる言語は、そこに伝わる話し言葉、すなわち方言である。

どのような言葉で語られるかという〈コード〉の要素に着目したとき、地域の言語生活における数多くのスピーチイベントの中で、昔話を語る行為は方言と密接に結びついている。収集家によって原話の語りが文章へと再話されるときには、読者の理解を高めるために共通語的な表現へと文体が中和されるのは当然としても、地域固有のモチーフについて口承で語り聞かせる伝説や昔話は、元来、地域方言にとってもっとも住み心地の良い場所であったはずである。

今は、昔話の語られ方も大きく変わってしまった。〈送り手〉〈受け手〉〈状況〉については家庭や家族に限定されない。むしろ家庭の茶の間はテレビに占拠され、語りが行われる場所ではなくなってしまっている。多くの地域で昔話が語られることがなくなり、娯楽の中心はテレビや他のメディアに移ってしまった。それでも、まだ昔話を語ろうとする人たち、それを聞いて楽しもうとする人たちは存在している。家庭から締め出された語りの行為は、公民館や郷土館などのような公共の場において、語り手サークルにより演じられる伝統芸能のような性格のものに変容しているかもしれない。演じる場所によっては、マイクロフォンという〈メディア〉を通じた語りになっているだろう。〈受け手〉もかつてのような子ども達ではなく、地域の大人たちであったり、観光客であったりもする。しかし、そこには昔話を語ろうとする人たちがあり、聞こうとする者たちもまだまだ存在している。

方言が衰退し、言語生活の多くの場面で共通語にとってかわられる傾向にある現代的状況の中で、もし方言を守り続けようと考えるのならば、地域の言語生活において方言を使用する場面を保証しなければならないはずである。具体的な話し手・聞き手や場面を離れて、方言という言語変種だけが次世代に生き残ることはありえない。方言が使われる言語生活の領域を維持すること、あるいは創出することが必要である。昔とまったく同じ語られ方ではないとしても、昔話を語るという行為が地域社会の中で持続されるならば、地域方言はその伝統的な語りのコードとして変わらず機能しつづけていくことだろう。

二　昔話を語る「漁火《いさりび》の会」

釜石で昔話を語る「漁火の会」が始まったのは平成二〇年からである。娘時代に遠野から釜石に養女に来られた須知ナヨさんを中心に、昔話の語りに関心を持つ女性たちで結成された。須知さんの遠野の実家は、父親の菊池力松氏が昔話の語り手で、娘たちも後々語り手として育っていき、鈴木サツ、正部家ミヤ、菊池ヤヨのような遠野の昔話文化を開花させていく姉妹たちを輩出している。須知さんは、その姉妹たちの末の妹として生まれ、父親から多くの話を継承しながらも、十五歳で釜石の須知家に養子入りしたため遠野の語り手として認識されることなく、釜石民話の会などで語り歩く活動を行ってきた。[※2]

「漁火の会」が結成されるきっかけは、ご自身も語り手となることを願っていた須知さんの次女の方が早世された悲しい出来事であった。その思いを知っていた次女の同級生の方を中心に、須知さんから昔話の語りを教えてもらう会を開くようになり、やがて郷土資料館で定期的に「囲炉裏端で民話を聞く会」を開催するまでになっていった。会の名称は、須知さんが娘時代に釜石に貰われてきて寂しがっていた頃、イカ釣り船団が夜中に港を出港していく時の壮観を初めて見た時の感動が忘れられなかったことから、「漁火」と付けたのだそうだ。

釜石という街は、もともと南部と伊達の藩境が存在した場所であり、市内において方言境界も数多く存在する。また、西の八幡製鉄所と並んで日本の近代化を支えた製鉄の街としてかつて栄えた土地柄であるため、井上ひさしの『花石物語』にも活写されているように、労働力として様々な地域から多様な人々が移入してきた歴史を持っている。東の浜言葉、西の甲子《かっし》弁、南の気仙《けせん》弁、北の北前《きたまえ》弁、遠野弁の混じった橋野弁、それに加えて鉱山労働者の社宅弁に、製鉄所で働くインテリ達の製鉄所弁など、じつに多様なバラエティーが存在し、一概に釜石弁として規定することは困難な状況である。「漁火の会」のメンバーも多様な方言を背景に背負った人たちであり、そして、須知さんは父親から継承した話をメンバーに広めることに関して次のよう語っておられる。[※3]

みんな同じに、私の言葉と同じだら、それも面白くないし、聞く人たちも、やっぱり面白くない。第一、私ね、おめはんだちの話聞いて、やっぱり言葉が違うってこと、話し方も違うから、やっぱりいいよなと思うもの。どんどん自分の言葉でって、そう思ってるの。

三　昔話を語ることの支援

このような昔話の語りの継承活動に対して、言葉の研究者が主人公として振る舞うことができないのは言うまでもない。主人公はあくまでも地域の人たちであり、この場合は「漁火の会」である。研究者は脇役であり、黒子であり、支援者に徹して、彼らの語りの継承環境の整備・充実に努めなければならないだろう。もちろん研究者自らが、昔話の語り手となるべく学ぶこともあるかもしれないが、それは支援者の役割とは別のことである。方言による昔話の語りを支援することには大きく以下の三段階があると考えられる。

○方言による昔話の語りを記録する。
○方言による語りの学習材を作成する。
○語りを伝えるための場を設定する。

これらの各段階において、文化庁支援事業として「漁火の会」とともに実践してきたことを以下に報告する。

三・一　方言による昔話の語りを記録する

日本の昔話研究においても、世界的な話形研究の成果を反映して、精緻な比較研究が行われるようになって久しい。ちょうど戦後の方言研究が構造主義の影響を受けて、かつての郷土研究から科学へと昇格したことと状況が類似している。そこで対象として想定されているのは、昔話を語ること自体ではなく、語られた話の構造であろう。ソシュール流にいえば昔話のラングが対象であって、パロールやランガージュ全体はきれいにこそぎ落とされた乾燥標本のようなものであろう。柳田以降、各地で膨大な昔話の採集事業が行われ、そこで得られた成果は日本の貴重な民俗文化資産であることは間違いない。

一方、それらは博物館に殿堂入りした記録保存資料ともいうべき事態になっているのも事実である。昔話の語りを継承保存する場合には、上記のアカデミックな価値観とは別に、研究者ではない地域の一般人から見た価値観を持つ必要がある。学術的な図書として、大きな図書館に行かなければ読むことができない専門的記録をつくっても、一般市民には縁遠いものになってしまう。地域の昔話の語りを継承したいと考える人たちのために、彼らが求める身近なものを作成していく必要があるだろう。

もう一つ、従来の昔話研究では抜け落ちてしまった、あるいは、文字メディアによる限りは抜け落ちざるをえなかった要素として、語りの副言語的要素の記述がある。例えば、遠野の昔話は「～ずもな」で発話単位を区切る傾向があるが、そのときの韻律的特徴は日常会話には決して現れることのない音調となっている。その他にも声の調子などのパラ・ランゲージ、話中での話し手の交代を表す語りの技法とか、話の筋書以外に多くのものが継承される必要がある。昔話を語ること自体を記録するためには、文字メディアのみではなく、CDやDVDなどのトータルな音声・映像メディアに訴えざるを得ないのである。※4

「漁火の会」では、須知さんに語りを教えてもらう活動を積み重ねてきた。もちろん、須知さん自身「おらほ弁」（自分たちのことば）で語りを継承してもらうことを希望してきた。遠野の語り手の昔話が文字化される機会に恵まれてきたのに反して、須知さんの語りはこれまで文字化される機会に恵まれなかった。同じ父親から継承した話でも、例えば長女の鈴木サツ氏と末娘の須知さんとでは実は違った部分が少なくないのであって、伝統的な昔話研究の観点からも須知さんの語りの文字化は必要であったろう。また、継承保存の観点から、「漁火の会」が須知さんから話を学ぶ場合においても、そのような資料があることが望ましかった。

幸いにして、須知さんは自分の語る話を何冊かのノートにこつこつと書き留めておられた。娘時代に遠野から持ち伝えた話に、六〇年以上に及ぶ釜石での暮らしの中で出会った話を加えて、全五六話（実際にはそれ以上の数の話を持っておられるが）のメモをもとに、実際の須知さんの方言による語り口を反映して文字化し、文化庁支援事業（平成二四年度）の一環として冊子『釜石　須知ナヨさんが語る昔話』（平成二五年三月）としてまとめることを第一歩の事業として行った。もちろん専門的な音声記号などは一切用いず、文体もできる限り方言を反映した平易な漢字仮名交じり文である。この冊子作成は文字ファイル化したという点で記録保存であるが、それだけではなく、「漁火の会」の語りの学びの場でも継承保存のための基礎資料として活用していただいた。また、一〇〇部程度を地域の図書館、小・中学校図書室、その他公共施設等に配布して、地域の皆さんの目に触れるようにした。将来、この小冊子の文字ファイルを核として、より充実したものが地域の方たちから生まれてくることを願っている。

また、須知さんの語りについては、図書館等の無響室などの環境を活用して、できる限り高音質のディジタル録音を継続して行っている。文字化された資料では伝わらない副言語的情報などが語りの中に濃厚に満ちているのである。将来的にＣＤ化することによって、方言が生き生きと躍動する舞台としての語りの全体像を記録及び学習材化することに備えることができるだろう。加えて、高画質な録画資料の作成も進めており、音声だけでは伝えることのできないキネシックな要素（動作やしぐさ）についても、継承を目指した記録保存を進めている。

三・二　方言による語りの学習材を作成する

記録することから一歩進んで、方言で昔話を語るための学習材を作成することが次の段階で求められてくる。方言や昔話などの地域に根差した素材を扱う場合には、全国どこででも適応可能な一般的な学習材ではなく、より地域に根差した内容で構成しなければならないだろう。そこで、方言で昔話を語り伝える「漁火の会」の活動に即した学習材として、一般市民を対象に会の活動を紹介するパンフレット『おらほ弁で語っぺし―語り継ぐために――』（平成二六年三月）を作成した。まず須知さんのライフ・ヒストリーと「漁火の会」の発足について、須知さんと会の事務局Kさんに方言で語ってもらった会話を収めた。「方言で昔話を語る」場合に、「昔話を語る」という行為の前提である「方言で」の部分に関して、東北地方の地域社会では近代の学校教育等を通じて方言に対する否定的な心的態度が植えつけられてきた。方言による昔話の語りを広めていくためには、このようなネガティブな意識をとり除くことがまず必要である。パンフレットの中で「地域の言葉で語ること」の一章を設けて、方言と共通語が共生する地域の言語生活に関する大野・竹田の短い解説文を収めた。以下はその一節である。

標準語や共通語は、地域を超えて日本中に通じるコミュニケーションを行うための外向けの言葉です。これからの時代は、世界を舞台にして英語もそのような役割を演じることでしょう。それに対して、地域方言はその地域に暮らす人同士の連帯的感情がこめられた言葉です。地域アイデンティティー、自分たちの強い仲間意識、これらを担うのが地域のことば、方言だと言えるでしょう。親しい仲間同士でも、ときには喧嘩をすることだってありますが、そのときにその喧嘩は共通語でできますか？　英語でできますか？　もし、そんなことになれば、その喧嘩は二度と仲直りのできない、冷静な訴訟や裁判に発展してしまうと思います。

図 1 『おらほ弁で語《かだ》っぺし』
表紙（表紙：望月奈都子）

地域方言の担う役割は、そんな仲間同士のつながりを前提にして、まずは地域固有の文化に語ることでしょう。昔話を語るとき、語り手の皆さんの頭の中には、お話の舞台となった地域の景観がまざまざと浮かび上がっているのだそうです。お話を聞く皆さんの頭の中にも、釜石のどこかの景色が浮かんでいることでしょう。テレビのニュースを聞くのとは違って、伝説や昔話などは、地域語のほうが地域の方にとってリラックスして楽しめます。あるいは、地域外の方にとっても深い感慨を与えるものだと思います。昔話を共通語で語ること自体、無理があるのではないでしょうか。

また、お互いの地域意識を高めていく手段としても重要です。自分たちの地域アイデンティティーを強く主張するための道具ということです。例えば、「がんばっぺし、釜石」「なじょにがすっぺし、陸前高田」のようなメッセージが、被災地の瓦礫の中からほんとうに自然発生的に現れてきました。自分たちの地域方言を使うことによって、復興への強い意志をお互いに伝え合うことができます。そういうときには、共通語は使えない。地域の言葉が強い「絆」として機能しているのです。

釜石には、多くの地域にわたって多種多様な方言の特色があります。気仙弁、北前弁、橋野弁、甲子弁、浜ことば…。そこに加えて、外から入ってきた方たちの製鉄所弁…。漁火の会にも、遠野生まれの須知ナヨさんのもとに、市内各地からいろいろな「おらほ弁」が集まっています。そういう多様な言葉を持った人たちが、今、語りに取り組んでおられます。そして、おらほ弁での語りを次の世代に継承するということは、昔話の内容や筋書きだけでなく、それを語る地域の言葉を含めて、文字ではなく声を通して、地域の言語文化の全体像を次の世代に受け渡すことになるのだと思います。

多様性は近代釜石の活力源となってきました。決して一種類ではなく、多様な人材や文化が融合していることが、ほかの地域にはない釜石の大きな魅力を形づくってきたのだと思います。そして、そんな市内各地の「おらほ弁」たちが一枚岩のスクラムを組んで、これからの復興を成し遂げていくことでしょう。しかし、復興はまだまだ道半ば、というより緒についたばかりかもしれません。バラエティーあふれる釜石のことばと、それらを使った昔話の語りが、これからの復興の道のりを支える心の絆となってくれる可能性を強く信じています。

たまにはテレビやゲーム機、パソコンやスマートフォンの電源を切って、おらほ弁で昔っこを楽しんでみませんか。

方言の持つ社会的機能については、研究者が云々する以前に、方言を使って言語生活を営んできた地域の人たちが最も理解しているはずである。また、昔からの「純粋な」方言だけが継承の価値があると考えることは、昔話の語りに関しても、方言そのものに関しても、継承の取り組みの害にこそなれ決して益する考え方ではないだろう。言語は常に内在的な力学により構造的な変化の要因を抱えていることは歴史的研究が証明しており、また、他変種との接触により言語外的変化の要因も常に持ち続けていることは社会言語学的研究が明らかにしている。研究者は、構造主義的観点だけに立脚した純粋方言観からそろそろ離脱しなければ、すでに現実社会からは消滅しつつある生体標本を追い求めるような記録保存に終始することになってしまう。継承活動を含めた、将来の言語生活の在り方を展望する柔軟で活力ある研究の在り方へと脱皮するべきだろう。

地域の言語生活においても、単に方言と共通語が共生しているわけではなく、方言と共通語の間に無段階に中間変種が行われ、個人の言語使用においても場面によって中間の段階設定の調整が行われているのが実態である。まして釜石は前述したように多様な言語変種が混在している土地柄であり、何を「おらほ弁」と想定するかについては他者に寛容でなければならない。「おらほ弁」は地域に暮らす人の数だけあると考えてもよいのである。

以下にあげる昔話の語りは、パンフレット『おらほ弁で語っぺし―語り継ぐために―』に収めた「漁火の会」メンバーによる「せやみ（無精者）」の語り比べの一節である。一人一人の語りの背景にある方言の違い、その方言を基盤として語られる語り口の違いなどを想像してお読みいただきたい。方言による語りを文字で媒介させることの難しさも同時に感じられるはずである。メンバー一人一人の語りに個性があるが、紙数の関係で三名について示すにとどめる。まず、須知さんの語りである。

むがーす、あったずもな。あるどごに、それごそ、物のたどえに、よご《横》の物、たで《縦》にもしたぐねっつごど、あるんだが、そのおとご《男》、たでの物、よごにもしたぐねぇく《く》せー《らい》、せやみだったど《そうだ》。

おやずぁ、それ、見でがら、「なんーたらごった《何ということだろう》。」って。「まず、このわらすぁ《童子は》、とす《年齢》にもふそぐ《不足》ねぇんだが、こなな《このような》せやみなごってぁ《ことでは》わがんねぇがら《だめだから》、ぺぇぁっこ《ちょっと》、旅さでも《旅にでも》出してみっかな」ど思ったど。

そして、あるどぎ、「これぁ、これぁ、このわらす、おめ、そんな《そのような》なせやみなごってぁ、わがんねぇがら、ぺぇぁっこ、旅さ《旅に》行って見できたらなじょだ《どうだ》ー?・」って。せぇった《そう言った》どごろぁ、そのわらすぁ、「あい」って、旅さ行ぐごどにしたど。

それ、どごのおふぐろだって、ばがは、ばがなりに、案ずるがら、「腹ばりも《だけは》減らせったぐね《へらさせたくない》」っどもって《と思って》、にぎりっこ《おにぎりを》、いーっぺぇ、こしぇーでけだど《こしらえてやったそうだ》。

そのわらすー、そのにぎりっこ、どっこいしょど、しょって、ブラァーっと、ではってったど《でていった》。

行ぐがー、行ぐが、行ったどごろぁ、腹、減ったたったど。腹減ったども、それ、せやみだもの、しょってら《背負っている》にぎりっこ、おろして、食いだぐもねがったど。誰が、腹減ったやづ来たら、このにぎりっこ、おろしてもらって、食う気んなって《つもりになって》、待ってらど。

そしたどごろぁ、す《下》もののほうがら、編み笠かぶって、アンーグリど、くづ《口》開いだおどご、来たったど。「ああ。あれだ、あれだ。」ど思ったど。あれ、腹減って、くじ《口》あぇで《開いて》来たがら、あれに、おろしてもらって、食う気んなって、待ってらど。

そしたどごろぁ、それ、そのおどご、来たがら、

「じぇー《じゃあ》、じぇ《じゃあ》、おめぇ、腹減ってらべぇ。」ったどごろぁ、くじぇー《口開いて》で来たおどごぁ《男は》、「なーにしてよぅ《なんでだよう》?」ったど《と言ったそうだ》。

「いやぁー、おめぇ、くじ、あぇで来たがらよー、腹減ってらったら《へっていたら》、俺のにぎりっこ、おろしてけろじゃ《くれよ》。ふたりで食うべす。」ったど。

そすたら、くじ、あぇで来たおどご、「ねぇーさ、ねぇーさ。」ったど。「人のにぎりっこ、おろすどごの騒ぎでねぇ。」ったど。

「俺の笠のひもぁ、とげだども、手ぇ出して締めるの、せやみして、くじあぇで、おせーで来た。」って、せぇった《言った》んだどさ。

せやみして、きりねんだど。上ぬぁ、上、あったったどさ。

どんーどはれ。

次は橋野に住むFさんの語りを示す。

おら《私が》、つぅさぃ《小さい》どぎにー、おやじぁ、しゃべってだーごどぉ、このせやみの話、聞ぃで、思い出します。あのぉ、昼めすー、そってぇ《しょって》、腹ぁ減らして、すんだぁ《死んだ》ってゆぅ者ぁ、あんがー《いるが》、せっこぎしてぁ、きりぁねぇもんだー、ってゆぅはなす《話》、せっこぎずぅもの《というもの》ぁー《は》、おかねぇ《おそろしい》、病気なもんだーって、うん。せっこぎー、すぅもんでね《するものでは》えぞ、ってゆぅ話ー、むがし、聞ぃであった《きいていた》のねぇ。

たぶん、この話ー、あのぉ、うじ《うち》のほうの、生まれ里のほうでも、これぇ、伝わっていだった《いた》ど思います。ってゆぅことで、おらほ《うちの方》でぁ、せやみのごどを、「せっこぎ」って言います。うん。んだぁ《それでは》、せーっこぎの話。

むがす、あーったずぅもな《というものな》ー。あるどごに、なにもかにも、せーっこぎなぁ息子ぁ、いだったずぅもぉなー。もののたどえに、よご《横》のものぉ、たで《縦》にもしたぐねぇずぅごどぉあんが《ということがあるが》、そのわらすぁ《童子は》、なんーぬもすたぐねぇ、息子だったーずぅもぉなー。

おやずだの、おふぐろぁ、その息子のごどぉ、あずで《心配して》、「このわらすぁ、このままいげば、かばすもの《まともな者》になんねぇが。なんーたらこった《なんということだ》ー。」って、ほぬ《本当に》。と《すると》、あるどぎ、その息子さ、「これぁ、これぁー、おんめぁー、少し世の中さ出で、旅ぃすてみねぇが？」って、しゃべったれば、「うーん、おらぁ、旅さ行ぐ。」って、そのわらすぁー、さべったーど。

おやずだの、おふぐろぁ、その息子ぉー、あつこどで《心配で》、「いやぁーはや、ほぬ《本当に》、むぞやな《かわいそうだな》。」ど思ったーども、旅さ出すごどに、すたーずぅもぉなー。

そすてー、そのわらすぁー、どごさ行ぐずー、かぐさ《あそこへ》行ぐずーって、ゆったって、

「腹ばりも《だけは》、減らさせたぐねぇ」どもって、むすびー《おむすびを》、いーっぺぇこっせーで《こしらえて》、「なんーぼー《いくら》せっこぎなー息子だぁって、腹っこぁ減ったら、せながのむすびぐれぇ、おろして食うべぇぜー《だろうよ》。」どもって《と思って》、親心で、ひとそえそわせで《ひと背負いしょわせて》、旅さ出すたずぅもおなー。

その息子ぁ、どごさいぐずー、かぐさ《あそこへ》いぐずー、あでもなく、何するっずーごどもねぇ、ただ、だだ、うんと歩いだずぅもぉなー。

そうすて行ったれば、行ったれば、およばねぇ《大変だ》、腹減ったーずぅもぉなー。そんだーども《そうだけれども》、腹減ったがらって、そってだー《しょっていた》むすびー、おろすてまーで《下ろしてまで》食うのー、せっこぎでー、「よすよす《よしよし》。だれが、腹へったー者ぁ、来たらば、せながら、おろすてもらって、食うべぇ。」ど、待ってだったーずぅもぉなー。

そすてば、すた《下の》のほうがら、編み笠、ふがーぶがどかぶって、おーぎなくづ《口》、アッカリーど《ポカンと》開げだおどごぁ、来たったずぅもぉなー。

「よすよす。あのおどごだー、あのおどごだー。あのかっこーであ《かっこうでは》、ぞーや《きっと》、かなり腹減ってーいるべぇなー。」ど思って、「おめゃあー《お前は》、腹減ってだべぇ？　腹ぁ、減ってねぇが？」って、ゆぅってぇば《言ったらば》、そのおどごぁ、「なぬしてよ《どうしてよ》？」ったずぅもおなー。

「いや、いや。なんだら、腹ぁ減ってだら、おれぁ、むすびー、いっぺぇしょってーだが、せながら、おろしてけろ《くれよ》ぞ。いっしょぬ《に》、食うべす」った《と言ったという》ず。そすてぇば、そのおどごぁ、「んねぇさ《そうでない》、ねぇさ。人のむすびー、おろすどごの騒ぎでねぇ。おりゃあー、笠のひもぁーゆるんで、とっても、えんずくて《気持ち悪くて》、えんずくて《気持ち悪くて》、およばねぇども《大変だけれども》、手ぇ出すて、すめるのを、せっこぎ《無精》して、くづ《口を》ー、おーぎぐ開げで、これぁ、あごで、おせぇで《押さえて》来たーぜ。」って、しゃべったーんだどさ。

せっこぎしてぁ、きりぁねぁっ、てゆぅ話だど思います。

三人目は唐丹に住むIさんの語りを示す。

あの、おらほで、「せやみ」ずごどば《という言葉は》、「かばねやみ」ってゆーでば《言うんだよ》。で、物のたどえにゃ、よご《横》の物を、たで《縦》にもしねぇずごど《という》、ありゃんすぅ《あるでしょう》。このわらすぁ《童子は》、たでの物を、よごにもすたぐねぇぐれぇ、かばねやみだったどっす。それ見だ、おやずぁ、「なんたらごった《なんということだ》。まず、このわらすぁ、とし《年齢》にもふそぐ《不足》ねえんだが、まあ、こんーな、かばねやみでぁ、わがんねぇもんだ《だめなんだ》。まず、ひとづ、まーずー、旅さでも出してみだらば、なぞったべなぁ《どうだろうな》」ど思ったんだど。

そして、そのわらすさ、「これこれ、このわらす。おめぇ、そんーなに、かばねやみでは、わがんねぇもんだ《だめなのだ》。ひとぉつ、まず、旅さでも行ってきたらば、なじょった《どうだ》ー?」って、ゆったれば、そのわらすぁ、「あいー」って、旅さえぐ《行く》ごどに、なったんだずもなー。

どごの家の、ほら、おふぐろ《お袋》でも、おふぐろずものぁ《というものは》、ばがぁ、ばがなりに、案ずる《心配する》がらなっす、「腹ばりも《だけは》、へらさねぇべ《減らさないようにしよう》」ど思ってー、おにぎり、えーっぺぇ、こせぇでー、したぐして、あずげだんだど《持たせたんだって》。

そのわらすぁ、そのおにぎり、「どーっこいしょ」ど、しょって、ブラァーっと、えー《家を》、ではって行ったんだど。どごさ行ぐずぅ、あでもねぇ、なんになるべずぅ《なろうという》、もくてぎ《目的》もねぇ。歩ーぐが、歩ぐが、ただ行ったんだど。

行ぐがー、行ぐが、行ったれば、なんにもかにも《どうしようもなく》、腹へってきたんだずねーっす。んだども、ほれ、せながさ、しょってる、おにぎりぁ《おにぎりは》、わぁれ《自分》ひとりで　おろして食うまでも、その気にもなんねで、「腹、減ったやづ、来たらば、おろしてもらって、食うべ」ど思ってだったずもなー。

そしたれば、ほれ、しものほうがら、編み笠かぶってー、くづ《口》開いだおどごぁ、来たったずもんなー。

「ああ、あれだ、あれ。腹減って、くづ開げで来たがら、ちょうど、いぃあんべ《具合》

図２　「せやみ」挿絵（イラスト：望月奈都子）

だ。」ど思って、待ってだったずもな。

　そごさ、そのおどごぁ、来たがら、

「じぇーじぇ《やぁやぁ》、おんめぇ、腹減ってだべー？」ってゆった。

　そのおどご、「なしてよぉ《どうしてだよ》ー？」ったど。

「おめぁ、腹減ってっから、くづ、開いで、来たんだべぇ？　腹減ってだらばー、俺のせながにぁ、おにぎり、あっからよー。おろしてけろー。ふたりして、食うべしさ。」って、言ったんだずもんねーっす。

　そしたれば、なぁんと、この、くづ、開いだおどごぁ、

「ないーさ、ないっさ。人のおに

ぎり、おろすどごの騒ぎでねぇ。おら、我の笠ぁのひも、解げだんだが、そぉれぇ、手ぇ出して、すまりなおすのもぉ、やめで、くぢで、おせぇで《押さえて》来たんだ」って　ゆーったんだど。

かばね、やんでぁ、きりねぇー。上には上が、あったんだどっさー。

どーんどはれ。

さらに、パンフレットの結びの部分には、「方言を調べてみよう！　―おらほ弁で、むがし話、かだってみっぺすー」の一章を盛り込んだ。「方言の調べ方いろいろ」として、「ことばは、年齢や性別によって、語形や使い方がちがうことがあります。また、同じ釜石市内でも、地域がちがうと、ことばもちがいます。あなたの『おらほ弁』を探してみましょう。」と導入したうえで、方言の調べ方を地域資料にもとづき簡単に説明したが、ここでは項目のみを示す。

1．ことばのいろいろ（アクセント・音声・文法・単語・使い方）

2．調べてみよう！（①よく使う人に聞いてみよう、②本で調べてみよう、Webページで調べてみよう）

3．調べるときのヒント（①自分のことばだけを基準にしない、②ことば本来の価値をみつけよう）

4．むかし話を探してみよう！
5．さあ、むかし話の台本を作ってみよう！

上記のパンフレットに加えて、「漁火の会」メンバーによる語りをＣＤ一枚に収めて、一〇〇部程度を地域の図書館や小・中学校等に配布して、会の活動を地域に広める際のツールとして活用していただいた。

三・三　語りを伝えるための場を設定する

「漁火の会」は単に仲間内だけで語りを楽しむ会ではなく、老人介護施設などを訪問して昔話を披露することで、つらい状況に置かれた人たちに楽しいひと時を過ごしてもらう活動を通して地域に貢献することも、会の目的の一つとして活動してきた。二〇一一年三月の被災後は、仮設住宅を訪問して昔話を語る活動も自主的に展開して来られた。語り聞かせの対象者は、共通語ばかりが横行する世にあって昔の方言を懐旧し、自らも上の世代から昔話を語り聞かされた経験を持つ高齢者の方であるので、彼らからはたいへん歓迎されている。しかし、「伝える」という新たな目標に照らすと、対象者は上の世代ではなく、同世代、そして下の世代、すなわち子どもたちを対象に広げていかなくてはならないだろう。昔話がそもそも子供を対象に語るものであったことを考えれば、伝える方向をしっかり下の世代に向けていかないと、テレビやゲームなどのキャラクターに押しのけられて、地域の昔話自体も方言とともに消滅してしまう。

語りを伝えるための場を設定することには、以下の二つの目的が想定される。

○地域の市民の方に、方言による地域の昔話の語りを積極的に楽しんでもらう機会を作ることによって、地域の文化に関する自信と誇りを回復してもらうようにエンパワーメント（自律する力を引き出すこと）を行う。次世代に伝えるための地ならし作業に相当する。

○次世代の子ども達に、方言で地域の昔話を語る、あるいは語ってもらう機会をつくることによって、子ども達を方言による昔話の将来の語り手として育成する。それが不可能であっても、将来の地域人材としてのアイデンティティーの基盤の一部を醸成することはできる。たとえ、よその土地で暮らすようになっても、故郷を忘れずにいるための記憶の手がかりを与えることはできる。

三・三・一　地域の市民に伝える

釜石市教育委員会の協力を得て市民対象の語りの会を開いたのは、平成二六年三月であった。その際に、パンフレット『おらほ弁で語っぺし―語り継ぐために―』及び「漁火

図３「おらほ弁で語っぺしin釜石」ポスター
（デザイン：望月奈都子）

の会」の語りを収めたＣＤを来場者に配布して会の活動を報告するとともに、「釜石地方の民話」として会のメンバーによる語りを広く市民に披露することができた。

　また、同年一二月には八戸市で開催された「やるびゃ・やるべし南部弁サミット」に共催で参加し、南部弁の北（八戸）と南限（釜石）との語り比べを実現することができた。

この事業の詳細については、今村かほる氏による第7章を参照していただきたいが、同じ津波の被災地にあって地域方言による昔話の語りの継承と地域復興に取り組む者同士の交流ができたことの意義は大きい。お互いの「おらほ弁」の違いをあらためて確認し尊重しあい、語りの技量を切磋琢磨するのみならず、語りを通じて地域復興に寄せる思いを共有することができた。平成二七年二月には、八戸での開催に続いて釜石市で「おらほ弁で語っぺしin釜石」を開催し、八戸の語り手にも参加いただいて昔話の語りの交流を持つことができた。

三・三・二　子ども達に伝える

最終的に昔話の語りを、あるいは地域方言を次世代に継承してもらうことができるかは、この段階にかかっていると言えよう。何らかの形で継承が可能となるためには、子どもの言語生活のどこかの領域に地域方言を位置づけることが求められる。一般的に言って家庭の中心はテレビになってしまい、子ども達の生活からスマホやゲームなどの電子メディアを排除することも困難な実情の中で、やはり学校教育は重要な役割を担ってくる。小学校の国語科学習指導要領においては「方言と共通語の違いを理解し、必要な場面では共通語を使えるようにする」ことは規定されていても、方言が理解できるようにする、あるいは使えるようにする目標は立てられていない。この現状においては、方言による昔話の語りに触れる試みは、総合的な学習の時間か、課外の活動として位置づけることになるだろう。

釜石市教育委員会の協力を得て、平成二六年一一月から一二月にかけて、市内数校の小学校において「おらほ弁で語っぺし」小学校編として、「漁火の会」の語りを子ども達に聞いてもらう機会をつくることができた。事業の目的として、「方言が使用される昔話の語りの活動を通じて、おらほ弁（自分たちの言葉、地域方言）で地域の文化を語ることの大切さに、次世代の子ども達に気づいてもらうこと」を想定した取り組みであったが、実際には、昔の方言で語る昔話を今の子ども達が理解して楽しんでくれるだろうかという思いで「漁火の会」の皆さんは教室に臨んだことだろう。

そのような心配にもかかわらず、事後のアンケートは肯定的な評価が多く、子ども達の頼もしい言葉が並んでいた。「ふだん、釜石のことばや方言で話すことはありますか？」の問いに対して、ほとんどの子どもは「あまり方言を話さない」か「ほとんど方言を話さない」を選択しているにもかかわらず、方言に関する否定的コメントは一つもなかった。その一部を紹介すると以下の通りである。

「釜石にはこんな方言があるとは初めて知りました。」「昔話や方言がいろいろわかって

図４　小学校での昔話の語り（須知ナヨ氏）

良かったです。」「もっと釜石の方言で話してほしいです。」「方言が少しむずかしかったけれど、おもしろかったです。」「ここに住んでいるのに方言を使うことがあまりないので勉強になった。」「一回でもいいので昔話を語って、最後にどんとはれと言ってみたい。」「その話をぜんぶおぼえて、弟に聞かせたい。」…

大人が考えているほど、子ども達は方言に対してネガティブではない。無垢な気持ちで方言の楽しさ、方言で語られる昔話の面白さを受けとめている。子ども達に方言で昔話を語る活動は、子ども達からも求められている活動であることが明らかになった。

彼らに何らかの形で方言によるコミュニケーションのチャンネルを継承してもらうことは、地域人材を育てる、地域の将来の在り方を考えていく際にも、重要な観点になるのではないだろうか。今すべきことは、彼らに地域方言との接触機会を増やす、あるいは創出することであって、方言による昔話の語りはその有効な手段の一つとして機能する。そして、このような取り組みは地域を愛する人づくりの一環として、組織的・継続的に取り組まれるべきであろう。そして、その成果は、アカデミックな研究論文という形ではなく、研究者は良き支援者として行動できたか、「漁火の会」のような地域人材が主役となって行われたか、結果として地域を愛する心をもった次世代が育ったか、という指標で評価されるべきだろう。

注

1　ハイムズは「ことば使いの民族誌」のモデルを二度呈示している。最初の呈示は一九六二年であり、ネウストプニー(一九七九)に紹介されている。改訂モデルの呈示は一九七二年であり、同書にも紹介され、デル・ハイムズ(唐須教光訳・一九七九)として翻訳紹介されている。本論では、モデルの簡潔さという点で一九六二年モデルにより昔話の語りを構造化する。

2　石井正己(二〇一二)に「釜石に行った昔話—遠野の昔話を外で伝えた須知ナヨさん」の一章があり、須知さんの娘時代や釜石に移ってからの活動が述べられている。

3　パンフレット『おらほ弁で語《かだ》っぺし—語り継ぐために—釜石「漁火の会」の語りの活動』(平成二五

年度文化庁委託事業「三陸の声を次世代に残そう」プロジェクト）所収のインタビューによる。

4　昔話の語りにおける副言語等に関しては、大野（二〇一一）を参照。

参考文献

石井正己（二〇一二）『昔話と観光―語り部の肖像―』三弥井書店

大野眞男（二〇一一）「昔話を語る言葉」石井正己編『昔話を愛する人々へ』三弥井書店

デル・ハイムズ（唐須教光訳）（一九七九）『ことばの民族誌』紀伊國屋書店

ネウストプニー、J. V.（一九七九）「言語行動のモデル」『講座言語3　言語と行動』大修館書店

謝　辞

事業の趣旨を御理解いただき小学校に関連した取り組みで御協力いただきました釜石市教育委員会教育長・佐藤功先生、釜石市教育委員会事務局世界遺産登録推進室・森一欽氏、ご協力いただきました釜石市内各小学校の先生方に深く感謝申し上げます。そして、ともに継承活動をお進めくださった須知ナヨ氏をはじめとする「漁火の会」の皆様に心より敬意を表します。

第九章　方言教室―方言アフレコ体験ワークショップ―

神田雅章・武田　拓・鈴木仁也

一　はじめに

「東日本大震災からの復興の基本方針」（平成二三年七月）で掲げられた「方言の再興等を支援する」という方向の下、被災地域の方言の保存・継承とコミュニティーの再生という課題に寄与する取り組みとして、方言アフレコ体験ワークショップ（以下、当プロジェクト）を実施した。産（クリエイター・エージェンシー）・学（方言研究者）・官（国語施策担当官庁）が互いのノウハウを持ち寄ることにより、子供たちが自発的に体験できるような形のものが出来上がった。本章では、映像コンテンツの制作からワークショップの実施に至るまでの、過程と成果について述べる。

二　映像を使ったアフレコ体験ワークショップの目的と意義

当プロジェクトでは、「幅広い年齢・地域の方が」「親しみやすく」「方言を聞いたり発話したり」することができるよう、方言を使用した五分程度の短い映像を制作してウェブサイト上に公開した。幅広い層が容易に方言にアクセスできるようにするためである。また、声優を講師としたアフレコ体験ワークショップを実施した。加えて、被災地域の方言を継承するきっかけ作りという観点から、特に子供たちが興味を持って楽しみながら方言を発話できるよう配慮した。方言に対する関心の薄い若年層の興味を喚起できると考えたからである。

具体的には、青森県八戸市・岩手県釜石市・宮城県仙台市の三地域を取り上げ、観光地や特産品など地元の魅力について、日常会話や平易なクイズを通じて伝える内容の映像を制作し、共通語及び被災地域の方言で音声を収録し、動画を見ることで方言に触れることができるようにした。また、当該動画をウェブサイト「方言アフレコ体験教室」（http://hogen.bunka.go.jp/）上で広く全世界に公開することで、被災地域の方言の保存と地域の魅力発信にも貢献することを意図した。さらに、動画を教材とした「方言アフレコ体験ワークショップ」を実施して、子供たちや学生たちに参加してもらうことで被災地域の方

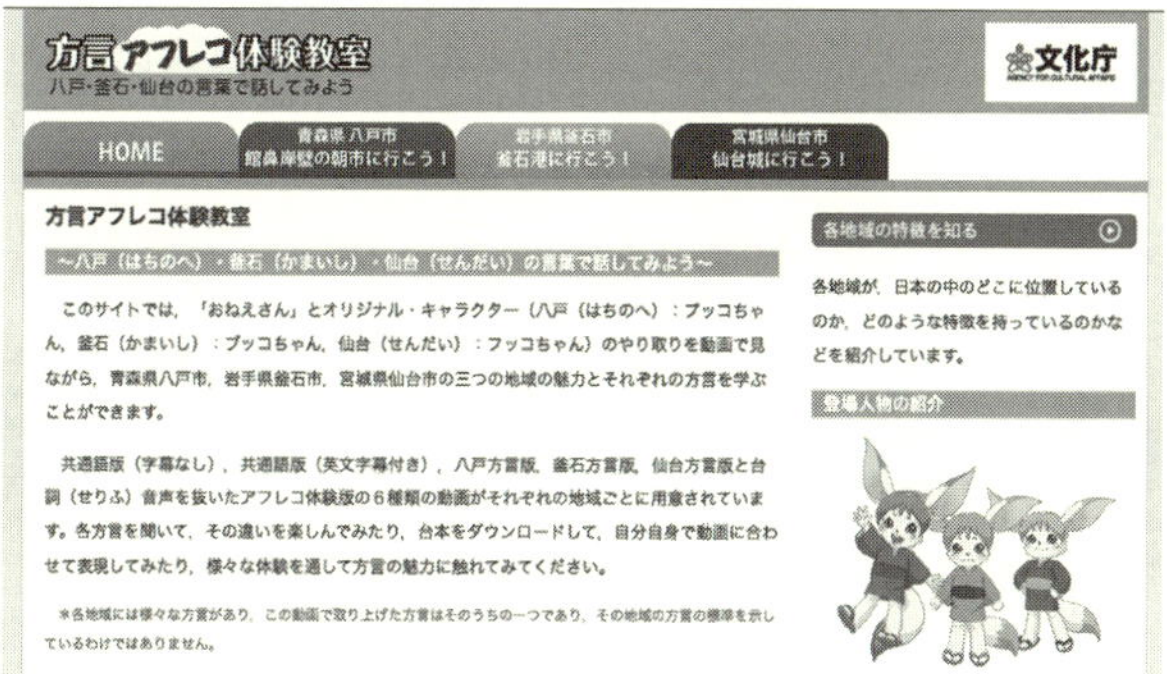

ウェブサイト「方言アフレコ体験教室」
http://hogen.bunka.go.jp/

言継承のきっかけづくりを行った。

以下、当プロジェクトの目的を達成するための、学と産の役割分担と連携の在り方について述べていく。

二・一　学の役割―研究者による研究成果の社会還元

震災後、研究者として自分が社会に貢献できることは何か、と自問した研究者は少なくないようである。方言研究は、一般の方々から教えていただく情報で成り立っている。その成果を、学問的なものだけでなく、地域の方の要望に沿った形で還元していかないといけないであろう。当プロジェクトは、このような自問に対する答えの一つということになろう。今回、研究者側は、先学のものを含むこれまでの研究成果を踏まえ、シナリオの方言訳を作成し、簡単な方言概説(ワンポイントレッスン)を担当した。

二・二　学から見た成果―国語教育・地域教育の一助

国語教育は「改まった場面における書き言葉」を扱うことが多い。方言はその対極にある「日常生活における話し言葉」である。方言については学習指導要領でも触れているものの、意識的に学ぶ機会は決して多くない。核家族化が進み、子供たちが日常生活で方言を耳にすることも少なくなった。また、公民館・文化団体等が主催する、方言に関する講演会の参加者の中に子供の姿を見掛けることはまれである。

こうした実情からすると、今回の取り組みは、国語教育・地域教育の一助という点で、一定の効果を上げたと言えよう。

なお、これはワークショップを実施した地域で生まれ育った子供たちだけでなく、他の地域から転居した子供たちにとっても有効であろう。新しい土地の方言について知るだけでなく、同時にそれまで自分が接していた方言と比較することにより、ことば、文化の多様性について認識するきっかけとなり得るからである。

二・三　産の役割―クリエイターのマネジメント

今回のプロジェクトでは、「幅広い年齢・地域の方が」「親しみやすく」「方言を聞いたり発話したり」することができるようにすることという目的を達成することが必要である。

そのためには、各分野のクリエイターとのつながりがあり、クリエイターの活動をマネジメントできる存在が必要である。株式会社クリーク・アンド・リバー社（以下、C＆R社）は一九九〇年に設立したクリエイター専門の人材エージェンシーで、約六万名の映像・ウェブ・広告・ゲーム制作の専門家をネットワークしてクリエイティブに関する課題解決を支援している。これまでに佐賀県・石川県・沖縄県・川崎市（神奈川県）等の自治体・公共団体におけるコンテンツ振興やコンテンツクリエイター及びプロデューサー育成等の受託の実績があり、文化庁「言葉について考える体験事業」や「国語問題研究協議会」におけるワークショップにも協力した実績がある。こうしたことから今回のプロジェクトにおいて、クリエイターのマネジメントやプロジェクトの全体統括を担うことになった。

具体的には、ウェブ・映像・サウンドの専門家を選抜してチームを作り、C＆R社スタッフが全体のプロデュースと映像制作・ウェブサイト制作・ワークショップ実施のディレクションを行った。

二・四　産が関わる意義――教育研究関係者が映像制作の専門家を活用することについて

黒板・教科書の電子化が進み、公立学校にタブレット型PCが導入されるなどの先進的な取り組みも現れてくるなど、ＩＣＴの利活用が進んでいる。映像においても、テレビ・映画だけでなく、特に近年はスマートフォンでの動画の視聴やアプリケーションの活用等が非常に大きな情報伝達手段となっており、その重要性は拡大している。必要に応じて専門家を活用しつつ、情報伝達の手段を広げ、手段に応じた表現方法を用いて情報発信を行うことで、より楽しく・より分かりやすく伝えていくことができる。そのためのノウハウを持つ、見せ方のプロである映像クリエイターを活用することで、研究成果の発表や社会還元等においても新たな見せ方を提案できるのではないだろうか。

二・五　学と産が連携する際の留意点―映像制作の場合

映像制作のノウハウが余りない研究者が、画像制作等を委託する際に留意すべき点の一つ目は、相談したり委託を行ったりする前に依頼内容をまとめておくことである。特に「予算」「納期」「目的・期待する効果」「対象」「想定するコンテンツと掲載メディア（＝発表する場所）」「やりたいことのイメージ」「（予算、納期、内容などの）優先順位」などを明確にして、委託先選定の時点で相手に伝えることで、受託側も自身の得意分野がプロジェクトに合致しているかを判断でき、より良い結果となることが多い。

留意点の二つ目は映像のメリット・デメリットを理解して委託を行うということである。

例えば実写映像コンテンツは、「リアル」を伝えることに向いている一方で、撮影完了後の変更がしにくいという面もある。再撮影の必要がないよう、「撮りたいもの」「動画の流れ」をクリエイターとしっかり共有する必要がある。一方、アニメーションを活用すると、実際には形のないものや撮影できないものを、特殊効果を入れたり擬人化したりして分かりやすく伝えることができる。しかし、アニメーションは一秒間にたくさんの絵を描く必要があるので、他のコンテンツに比べて制作時間が長い上、予算も比較的高くなることが多い。一口にアニメーションと言っても、一般的にイメージするセルアニメーションのほか、Flashアニメーションやコマ撮りアニメーションなど様々な形式がある。Flashアニメーションと呼ばれるデジタルアニメーションは、比較的時間と予算を軽減することが可能である。

留意点の三つ目は、委託に当たって、次のような項目についてもきちんと決めておくことである。前述の予算・納期・掲載メディアのほかに、「映像のイメージ・方向性」「映像の尺（=時間）の目安」「必ず入れたい要素」など、どのような映像を作りたいか、「著作権や素材買取りの条件」「複数媒体への活用の有無（ウェブサイトで公開するほか、ＤＶＤとして配布する等）」「ＢＧＭや効果音」などの使用用途や許諾等の権利関係、「修正・フィードバックの回数」など、進め方やチェックの仕方などについても想定しておいて、委託に当たってクリエイターに要望を伝えることができると、円滑に進めることができる。

三　映像制作に当たって

今回のプロジェクトで制作した映像は以下のようなものである。

八戸・釜石・仙台の地域と方言の魅力に触れてもらうため、実写の女性役者とキャラクターが日常会話の中で、その地域の魅力を方言で伝える動画を制作し、ウェブサイト「方言アフレコ体験教室」で公開した。利用者が共通語と方言の音声を聞き比べたり、台本をダウンロードして動画に合わせてアフレコ体験ができる仕組みを用意したり、また海外の方でも楽しめるように英語字幕を付けたりするなど、多くの方に方言に親しんでもらう工夫を行った。

ウェブサイトについては、上記動画をYouTubeの文部科学省の公式チャンネル（MEXT ch）から読み込んで閲覧でき、さらに地域ごとに共通語版・方言版のアフレコ台本や、せりふ部分を空欄にして好きな地域の方言版を作成できるようにした、せりふが空欄のアフレコ用台本をダウンロード（DL）して、自分で手軽にアフレコ体験ができるようにした。

以下、こういった動画を制作するに当たっての手順や留意点を紹介したい。

三・一　地点の選定

当プロジェクトにおいて、被災地域の中からどの地点を取り上げるかが最初の課題となった。被害の大きかった地域では住民の減少・流出が続いており、方言の保存・継承が急務であるという考えもあったが、関係者とも相談の上、当プロジェクトでは幅広い方に方言に触れていただく目的で子供向けの方言アフレコ体験ワークショップの実施を予定していることから、参加者や関係者に負担にならないような配慮が必要であると判断した。そこで、対象となる三県から、大きな被害を受けたものの、比較的復興が進み始めた地域それぞれ一か所を選択して実施することとした。その結果、当プロジェクトでは青森県八戸地域、岩手県釜石地域、宮城県仙台地域の三か所を舞台とすることとした。

三・二　シナリオの構成と作成

台本制作は、コンテンツの企画・制作業務、キャスティング業務等、多岐にわたる実績を持つ株式会社ルートデザインが担当し、青森県八戸地域、岩手県釜石地域、宮城県仙台地域の三か所を舞台とした台本のプロット及び、共通語版の台本を制作した。

内容については、小学校中学年程度でも十分理解可能な平易な内容を目指した。

実写の「おねえさん」とイラストのキャラクター「フッコちゃん」の掛け合い会話で進

YouTube 文部科学省チャンネルにて公開されている動画「方言アフレコ体験教室　舘鼻岸壁の朝市に行こう！（青森県八戸市・アフレコ体験版）」の１シーン。
ふきだし内の数字は、台本のセリフ番号を表しており、アフレコ体験において話すタイミングが分かりやすいように工夫している。

む形式で子供が入りやすくすると同時に、「フッコちゃん」を「魔法の天使クリィミーマミ」「めぞん一刻」「機動警察パトレイバー」等のアニメーションのキャラクターデザインで著名な、高田明美氏にデザインしてもらうことで、少しでも多くの方に方言に触れてもらうための話題作りを考えた。また、舞台となる地域の特色や魅力が伝わり、視聴者が被災地域に興味を持ってもらえるような内容をイメージし、ことさら震災被害を強調するのではなく、自然に行ってみたいと思えるような内容とした。

その一方、監修者への確認をしつ

つ共通語版台本の制作を行ったものの、方言訳の結果その地域の特徴的な方言を網羅しきれなかったものもあった。例えば、宮城県仙台地域方言では「お茶ッコ」など、名詞の後ろにつける接尾辞「コ」や、文末の「べ」「チャ」を自然な形で織り込めなかった。この点、共通語台本制作時から監修者とのより緊密な連携が必要である。

三・三　方言訳作成

その後、共通語版台本を基に地域ごとに方言監修者に依頼し、共通語版台本の方言訳及び、声優が演技の際に教材とするべき方言手本音声を制作した。

方言訳に際しては、どの程度方言を織り込むか、方言監修者及び文化庁国語調査官と協議を行った。伝統的方言では若年層には難解となるが、当プロジェクトではアフレコ体験時に共通語との差異が大きい方が、かえって参加者が切り替えやすいという意見があった。一方で、より平易な、テレビドラマ等で見られるような補足説明なしで意味をおおむね理解できる表現の方がなじみやすいという意見もあった。語彙・文法・音声の各方面からどのような表現を採用するかという検討が地域ごとに重要であるという認識の下、検討を進めた結果、現在では全く耳にしなくなった古い方言ではなく、三地域の方言監修者が自然に感じられる、現在生きている伝統的方言で方言訳を進めていくことになった。これは、実際に生きた言葉として方言に接してもらうということを重視した結果である。
御協力いただいた方言監修者は、次のとおり。

【方言監修者】
八戸方言：八戸市公民館館長　柾谷伸夫氏
釜石方言：岩手大学　大野眞男氏、釜石の民話を語り伝える「漁火《いさりび》の会」
仙台方言：仙台高等専門学校　武田拓
【協力】
青森編アドバイザー：弘前学院大学　今村かほる氏

三・四　声優の選定と収録

方言で演技を行う声優の選定については慎重を期し、「おねえさん」役一名と「キャラクター」役三名（八戸方言担当・釜石方言担当・仙台方言担当各一名）をキャスティングするため、オーディションを実施した。
書類選考通過者に対して、質疑応答・サンプルセリフによる演技審査に加え、耳慣れない方言を正確に発音できるかどうか、耳で聞いた言葉をそのまま再現できる力（耳コピー力）を評価するためのテストも実施した。耳コピー力テストでは、応募者の誰もなじみがないと考えられるアイヌ語の一分程度の音声を準備し、読点なしで、全て平仮名で書かれた文を見ながら音声を三分間聞いてもらい、どれだけ正確に発音できるか何度か言ってもらうことでテストした。評価は、アイヌ語の特徴が現れている二五か所がどれくらい再現できているかで行った。

耳コピー力のテスト結果の上位の中から、演技力やキャラクターイメージ、ワークショップへの適性などを検討し、次の四名に決定した。特に「おねえさん」役は三地域の方言で演技の必要があるため、特に耳コピー力のテスト結果を重視して決定した。

おねえさん役……………諏訪彩花氏（株式会社アーツビジョン）
八戸方言キャラクター役……北方奈月氏（サンミュージックプロダクション）
釜石方言キャラクター役……村井理沙子氏（株式会社プロダクション・エース）
仙台方言キャラクター役……有野いく氏

企画当初は八戸、釜石、仙台それぞれの出身者を当てることも考えたが、子供たちへのワークショップでの指導時に、方言を学んで話すという経験からの助言が有効であると判断し、あえて三地域以外の出身者を選んだ。

収録に当たっては、手本となる方言話者の音声を事前に声優に聴き込んで練習してきてもらった上で、さらに方言監修者あるいは方言話者等に同席してもらうことで方言の保存・継承に役立てられるよう違和感のない発音・イントネーションを心掛けた。方言の発音はプロの声優であれば皆できるというものではなく、オーディション時に耳コピー力に優れた声優を選んだことが功を奏したと言える。

三・五　映像及びウェブ制作について

この項では映像及びウェブサイトの制作・活用について説明する。

映像制作において、実写パートについては、おねえさん役の声優が、方言も含めて現地を体感してこそ伝えられることがあるという思いと、現地を体感することで、その後のワークショップがより円滑に進むことや参加者がより親しみをもって取り組んでくれるという狙いから、後工程での合成処理を前提に単色の背景を用いて人物のみを撮影するクロマキー撮影の手法を用いず、共通語版の台本がほぼ固まった段階で、現地で背景を含めて撮影を行った。また、共通語だけでなく複数の方言音声で動画を制作するため、方言によってセリフの長さが変動することが必至だったこと、アフレコ体験時に出演者の口の動きに合わせようとするよりも自然な方言を体験してほしいことから、通常の動画ではなく、スチル写真をスライドショーのように切り替えていく形とした。キャラクターについては、キャラクターデザイナーのラフ画・色指定に基づいてイラストレーターがデジタル化した。

映像編集者がイラストと実写映像を合成・加工する際には、収録したボイスにタイミングを合わせる形で音声やBGM、SE（音響効果）等を加えて編集作業を行い、動画を完成させた。

ウェブサイトについては、文化庁ホームページ内の特設サイトとして公開することを念頭に、サイト利用者が地域ごとに映像と各台本のダウンロードができるような構成とした。

四　ワークショップ実施に当たって

前項で作成した共通語版・方言版の動画と台本を活用して、青森県八戸市、岩手県釜石市、宮城県仙台市の三地域にて、小学校中学年～高校生を対象としたアフレコ体験ワークショップを一回ずつ開催した。実際に動画に登場する声優を講師として招くなど参加者には楽しみながら方言に触れてもらって方言への関心を高めてもらうことで、被災地方言の保存と継承の第一歩とすることを目的とした。

四・一　事前準備

ワークショップは映像の完成予定スケジュール及び講師のスケジュールを勘案し、一月末～二月前半の土日に実施した。日程の調整に当たっては、地域の大きな行事、地域の代表的産業が忙しい時期を避けた。また、団体や学校の活動として実施の場合、早い時期に依頼をして、年度単位での予定に組み込めるように、さらに中高校生の定期試験やクラブの各種大会の時期にも注意しつつ、検討することが必要であることが、実際に参加者を募集することで明らかになった。

各地のワークショップの会場については、学校・公民館や公共施設など子供たちが参加しやすい場所であることを念頭に、教育委員会や監修者・市関係者などと相談の上で選定した。八戸市では、方言監修の柾谷氏と相談の上、子供の演劇サークル等が練習に使用していて慣れており、ワークショップで使用する機材について公民館に加え併設の八戸市公会堂からもレンタル可能な八戸市公民館を選択し、一月二六日(日)にワークショップを実施した。仙台市では、仙台市市民局文化振興課の熊谷和典氏と相談の上、演劇やワークショップの機材が揃っていてレンタル可能な市の施設である、せんだい演劇工房10-BOXを使用することとし、二月二日(日)にワークショップを実施した。釜石市では、釜石市教育委員会事務局の森一欽氏と相談の上、子供たちが勉強の場として日常的に利用していることから釜石市教育センターを使用し、二月九日(日)にワークショップを実施した。

参加者の募集については、チラシ、ポスター、申込み用ウェブサイトを制作し、地域の教育委員会の協力を得て小学校・中学校・高等学校に案内をしてもらうなどして、公開講座として募集を行った。また、地元マスコミ等に依頼して地元紙のイベント広告欄に掲載してもらうなどした。ワークショップの参加者は中学校・高等学校の演劇部や放送部の生徒が多かったことから、各校のそれらの部が加盟する部会等を通して案内を送るのが効果的であると思われる。

四・二　ワークショップの流れ

ワークショップ本番はおおむね次のような流れで実施した。（記載している所要時間は仙台・釜石で実施した二時間のカリキュラムの場合のものである。）

■開場・受付

開演三〇分前に開場し、受付を行った。受付では来場者の氏名を確認し、台本・アンケート・筆記用具等を配布するとともに、参加者各人に声優としての芸名を自分で付け、主催者側が用意したペンと白い布ガムテープを使用して名札を作り、胸元にはってもらった。これは、アフレコ体験に向けた雰囲気作りであると同時に、生身の自分とは別存在としてフィクションの中で取り組める、つまり日常の生身の自分を傷つけることのないようにというセーフティーネットとしての役割も意図したものである。

■ガイダンス及びウォーミングアップ(約二〇分)

一般に、アフレコ体験や声優体験という催しでは、映像に合わせてせりふを言ってみることの体験を目的としているため、発声や滑舌の練習をしてすぐにアフレコをやってみるという展開であることが多い。しかし、当プロジェクトでのワークショップは、ワークショップの狙いと流れを説明するガイダンスと、身体的にも、精神的にも、場の雰囲気もアフレコを迎えられる状態を作るためのウォーミングアップを丁寧に実施し、アフレコ体験の後にはふりかえりも加えることで、方言を使ってみることで感じたことの共有や定着を図った。

ウォーミングアップでは、身体的な緊張をほぐすためのストレッチから始め、脳の血流量を増やすための両手じゃんけんや手足を別リズムで動かす運動などを行った上で、場の雰囲気をほぐすための空間歩きや、自然と声を出して喉を温めるゲーム、聞くことに集中させるゲームなどに移り、アフレコを行うペアをゲームの中で作って一区切りとした。個々のゲームなどではうまくやれる必要はなく、やってみることで十分に効果があることを伝えて、緊張感が戻るということにならないように注意した。通常の発声や滑舌ではうまくやろうという意識が緊張感を生み、ウォーミングアップの狙いに合致しにくいことは留意しておきたい。

ワークショップの様子。左は八戸市での動画上映、右は仙台市でのアフレコ実演の様子。

■共通語アフレコ体験（約四五分・途中休憩時間十分を含む）

最初に共通語版の映像を上映した後、講師の声優二名がアフレコ実演を行い、手本を示した。

次に全員で台本を通して音読をし、参加者が二人一組となって担当する役に分かれて自席で台本を音読してアフレコの練習を行い、講師は巡回しながら個別に助言を行った。休憩十分を挟んで、マイク前に立ってのアフレコ体験を開始。台本を三〜四パートに分けてチームごとに担当するパートでマイク前に進み出て入れ替わりながら、共通語でのアフレコ体験を行った。幾つのパートに分けるかは、参加者数によって調整することになるが、入れ替わりのしやすさを考慮してパートに切る必要がある。

■方言ワンポイントレッスン（約一五分）

方言版の映像を視聴して、講師の方言版台本範読の後について全員で音読した。その後、方言監修者による方言ワ

八戸市（左）と仙台市（右）のワークショップ（方言指導）の様子。

ンポイントレッスンを行った。ワンポイントレッスンではA4の用紙一枚に特徴的な事象と用例をまとめたものを当日配布し、参加者全員で練習した。年少者への配慮として、可能な限り平易な説明とし、台本も含め、漢字には振り仮名を付けた。また、声優自身が苦労したせりふについては、参加者も苦労することを予想して、方言監修者の後に付いて言う練習を多めに繰り返した。

■方言アフレコ体験（約三五分）

　ワンポイントレッスン後、方言版動画を視聴しながら役に分かれて全員でアフレコ練習を行った。共通語版同様に台本を三～四パートに分けておき、チームごとに担当するパートでマイク前に進み出て入れ替わりながら、方言でのアフレコ体験を行った。

■講評・記念撮影（約五分）

　講師による講評を行った。台本に現れる方言を聞いたことがないという参加者も多かったが、講評の中で講師の声優が

「事前に手本音声をもらって二週間必死で練習したが、発音・イントネーションともに皆さんの方が慣れが早かった」とコメントするなど、参加者に地元の方言への馴染み深さを再確認してもらった。参加者同士でも感想を述べ合い、クールダウンの後、講師を含めて集合写真の撮影、アンケートの回収を行って、終了した。

五　方言アフレコ体験ワークショップの総括

青森県、岩手県、宮城県の被災地域における方言の保存と継承をテーマに実施したアフレコ体験ワークショップは、プロの声優による直接指導と共通語と方言によるアフレコ体験が奏功し、それぞれの地域で方言への関心を持たせることができた。これは、文化庁の事業趣旨に合致する成果であると言えよう。

八戸市では小学生が中心となりにぎやかなワークショップとなり、釜石市、仙台市では参加者の層は小学生から高校生まで幅広く、演劇経験者も多く、かなり本格的なアフレコ体験を実施することができた。

五・一　参加者の感想から見えてくること

参加者のアンケート結果からは、ワークショップに参加し実際に発話を体験したことによって、方言に興味を持った様子が見えてきた。

方言と言っても、同じ県内でも地域によってだいぶ異なることもあり、参加者の声には、「今まで知らなかった言葉や言い回しを学んだ」や「普段使わなくなっていたが、もっと方言を使ってみたい」等の感想が見られた。限られた時間の中で、絵に合わせてせりふを話すといった体験は難しかったようだが、ワークショップの時間を短いと感じたというアンケート結果からも、参加者が興味を持って集中して参加したことがうかがえる。

また、方言に関する思いとして「方言の印象が良くなった」「もっと方言を学びたい」「方言は大切なもの」「方言のほうが気持ちを表しやすい」「方言を使うのは楽しい」などの項目への回答が多かったことから、参加者が方言の価値を見直すことができたという意味でも、非常に有意義なワークショップとなった。

五・二　担当者から見えてくること

当プロジェクトでは幅広い方々に被災地とその方言に関心を持ってもらうことで、復興と方言の保存・継承に役立てるという目的から、子供たちの愛好する新しいメディアを応

方言継承のきっかけに
プロの声優、漁火の会が指導

釜石弁でアフレコ体験
小学生、高校生5人が挑戦

釜石の方言でアフレコ（アフター・レコーディング＝吹き替え）を体験するワークショップが9日、釜石市鈴子町の市教育センターで開かれた。クリエーターのマネジメントを行うクリーク・アンド・リバー社（東京都千代田区、井川幸広社長）が、文化庁の「被災地における方言の活性化支援事業」の委託を受けて実施。小学生と高校生5人が、プロの声優の指導でアフレコに挑戦した。

プロの声優と漁火の会のメンバーの指導でアフレコ用のセリフを練習する参加者

アニメやゲームなどの声優として活躍する諏訪彩花さんと村井理沙子さんが講師として招かれた。アフレコ体験するのは、文化庁が3月にWebページで公開予定の動画「釜石港に行こう！」。妖精キャラクターの「ブッコちゃん」と人間の「おねえさん」が、釜石大観音を話題に楽しいやりとりを見せるもので、共通語と釜石弁の2パターンの台本が用意された。

「ブッコちゃん」の声を担当している村井さんと、画面にも登場している「おねえさん」を演じている諏訪さんが手本を見せたあと、参加者が2人のアドバイスを受けながら、それぞれの役のセリフを練習。方言は「釜石で民話を語り伝える漁火の会」の北村弘子さんと千葉まき子さんが指導した。その後、参加者はマイクの前に立ち、スクリーンの動画を見ながらセリフを当てはめていった。

大槌高3年の藤井麗那さん（18）は「アニメが好き。声優に興味があって参加した。アフレコの現場の雰囲気を感じることができた。方言は初めて聞く言葉もあって難しかった」と感想。

平田小5年の佐々木瑞紀君（11）は「釜石弁は意味がわからないこともあるけど、使ってみると、だんだんのみ込めてきてうまくしゃべれた。みんなが少しでも親しみを持つようになればいいと思う」と貴重な体験を振り返った。

ワークショップは、方言の魅力を体感することで関心を呼び起こし、継承のきっかけにしてもらうのが狙い。文化庁国語調査官の鈴木仁也さんは「震災体験を方言で語る場は、メンタルケアにもつながっているという調査結果がある。共通語は表面的な伝達には便利だが、深いところを伝え合うには弱い。方言の存在価値を知ってほしい」と話す。

漁火の会の北村さん（61）は「声優さんの『釜石弁にすごく癒やされた』という言葉がうれしかった。子どもたちも普段話さなくても、すっと入っていけたようだ。方言は恥ずかしいものではない。どんどん使っていきたい」と方言の力に感動していた。

復興釜石新聞（2014年2月12日版）に掲載されたワークショップの様子

用して、伝統的な地域方言を継承するための新たな切り口を用意し、その切り口に興味関心を持った地域の子供たちが方言に関する情報を取得しやすいような様々な工夫を行った。その結果、ワークショップについては、方言に興味を持った方だけでなく、声優・アフレコという切り口に興味を持った方にも参加してもらえるなど、方言の裾野を広げる役割を果たすことができた。また、地域によっては新聞・テレビ等、地元マスコミに取材をしてもらい、方言の活性化への取り組みを多くの方に知ってもらうきっかけを作ることができた。

映像とウェブサイトについては、プレスリリースをはじめとする告知のほか、出演声優のブログやSNS（ソーシャル・ネットワーク・サービス）による紹介、キャラクターデザイナーの知名度による告知、スマートフォン用サイトの用意など、様々な施策で幅広い方々に視聴してもらえるように配慮した。

それらの施策の結果、アフレコ体験という切り口から幅広い方に方言に興味を持ってもらうという当プロジェクトの狙いは一定の成功を収めたと言える。アンケート結果からも、プロの声優を招いて行うワークショップが参加者の興味を惹《ひ》く方法として、また方言を聞くだけでなく、発話のきっかけとして有効であることが認められた。方言アフレコという手段は、方言継承のきっかけ作りとして有効であった。

六　今後の可能性・発展性

ウェブサイトで動画を視聴し、台本や方言ワンポイントレッスンをダウンロードできるようにし、閲覧者が特別なソフトウェア等を用意することなくアフレコ体験ができるようにウェブサイトを制作した。

今後の取り組みとして、今回の取り組みをモデル化して「方言アフレコ・ワークショップの手引」のような形でまとめてウェブサイト上で提供することで、学校その他の教育機関や方言の保存・継承を目指す団体やボランティア等が自主的かつ容易に方言アフレコ体験ワークショップを実施できるようにし、方言を発話するきっかけを広めることができるような施策を検討したい。

そこまで情報をまとめて情報提供する環境を整えることで、被災地に限らず、全国各地で方言を活性化したいと考える人に一つのフォーマットとして利用してもらえるような形を目指したい。

七　おわりに

株式会社クリーク・アンド・リバー社は表現・伝達手法のプロフェッショナルとして、研究者・専門家は方言分野の監修者として、国語政策担当官庁は事業趣旨との整合性確保役として、それぞれの得意分野を生かし、連絡調整を密に取りながら取り組んだ。大事なことはいかに分かりやすく幅広い方に伝達できるかということである。関係者の中にはこれまで東北との縁があまりなかった者もいるが、当プロジェクトを通じ、東北地方の人と文化と食と風景が豊かで愛すべきものであるということ、日本の力とも言うべきものが日本各地の地方にあり、その土地に根ざした言葉が文化を支えていることに気付いた。震災というつらい出来事がきっかけではあるが、この動画とウェブサイトとワークショップを通じて、地元の方はもちろんのこと、日本中の方が東北地方とその言葉の魅力に気付き、また、その方の地元にも同じように地域と方言の魅力があることを確認するきっかけとなることを願う。

あとがき

平成二三年三月一一日、東日本大震災が起こった。四月二一日と六月九日から十日、福島県いわき市に行き、七月六日から七日は宮城県仙台市に行った。いわき市の沿岸部、学校の裏山、仙台の卸町、衝撃的な状況が目の前に広がっていた。個人としてできることは思い付くが、仕事として何かできるのであろうか。大きな悩みとなった。

七月二九日に「東日本大震災からの復興の基本方針」が東日本大震災復興対策本部で決定された（八月一一日改定）。この中に、「⑤文化・スポーツの振興」が立てられ、「（ⅰ）「地域のたから」である文化財や歴史資料の修理・修復を進めるとともに、伝統行事や方言の再興等を支援する。また、被災した博物館・美術館・図書館等の再建を支援する。」と書かれている。「伝統行事や方言の再興等を支援する」と「方言」が具体的に掲げられている。コミュニティー再生のために方言が必要であるとの認識が示されたのである。同時に、この文言は、国が被災地域の方言に関わるよりどころを示すものでもある。

この「東日本大震災からの復興の基本方針」を受け、まず被災地域の方言がどのような状況にあり、被災者自身がどのような意識を持っているのかということを把握することから始めた。平成二三年度には、まだ被災地域に直接入って調査をできる段階にはないと判断し、「東日本大震災において危機的な状況が危惧される方言の実態に関する予備調査研究」を、東北地方の方言研究の厚い蓄積を持つ東北大学に委託した。平成二四年度は、青森県、岩手県、宮城県、福島県、茨城県それぞれの実態を把握するために、「東日本大震災において危機的状況が危惧される方言の実態に関する調査研究」を、弘前学院大学、岩手大学、東北大学、福島大学、茨城大学に委託した。この二年間の調査研究の成果を踏まえ、平成二五年度からは、被災地域の方言の保存・継承に資する取り組みを支援する「被災地における方言の活性化支援」となった。平成二五年度に採択された取り組みは、次の九企画である。

○弘前学院大学「発信！　方言の魅力　体験する青森県の方言」
　南部方言の調査、教材開発、「南部弁の日」開催支援、方言による津波体験紙芝居
○岩手大学「三陸の声を次世代に残そうプロジェクト」
「郷土教育資料」所収の方言の分析と公開、釜石方言の語り収録、集落ごとの方言

による震災体験収録

○東北大学「被災地方言の保存・継承のための方言会話の記録と公開」

『生活を伝える被災地方言会話集―宮城県気仙沼市・名取市の100場面会話』の発行とWebでの公開

○福島大学「福島県内被災地方言情報のWeb発信」

方言による被災体験の収録、県内方言資料のWebでの公開

○茨城大学「方言がつなぐ地域と暮らし・方言で語り継ぐ震災の記憶　～被災地方言の保存・継承と学びの取り組み～」

方言による被災体験の収録、方言テキストの試作、『郷土大観』所収「方言訛語」の訳注

○ひとみ座「人形劇団ひとみ座「かもとりごんべえ」「寿限無」」

幼稚園における方言人形劇の上演

○弘前劇場「方言を主体とした演劇公演「素麺」」

方言を主体とした「素麺」の上演、方言を取り入れての演劇ワークショップ、方言をテーマとしたアフタートーク

○シェイクスピア・カンパニー「『新・リア王』被災地を巡る旅」

方言による翻案劇『新・リア王』の上演、方言を取り入れての演劇ワークショップ

○クリーク・アンド・リバー社「Web上での動画公開と方言ワークショップ開催による被災地方言の活性化」

八戸・釜石・仙台の方言による動画制作とWebでの公開、方言アフレコ体験ワークショップの実施

これらのうち、方言研究者が関わった六つの取り組みについて、具体的に紹介したものが本書である。それぞれが持っている知見とつながりを生かし、様々な活動が行われてきた。方言研究という人文社会学系の研究が、目に見える形で社会貢献した貴重な事例が集められたと考えることができる。この「被災地における方言の活性化支援」は、平成二六年度も、二七年度も継続されていて、各地での地道な活動が定着するきっかけにもなってきている。さらに、コミュニティーにおける方言の持つ役割の再認識にもつながってきている。

東日本大震災からの復興はまだ道半ばである。その中で、ささやかでも、方言が復興の一助となることを期待せずにはいられない。

最後に、被災地域の方言に関する調査研究や保存・継承の取り組みに携わってくださった皆様、協力してくださった皆様に、平成二五年度の文化庁文化部国語課の担当者として心より感謝申し上げたい。また、本書の企画・編集を担当してくださった岩手大学・大野眞男先生と東北大学・小林隆先生、そして、企画を実現させてくださったひつじ書房にも御礼申し上げたい。

文化庁文化部国語課国語調査官　鈴木仁也

執筆者紹介（執筆順、＊印編者）

①専門分野　②主な論文・著書

大野眞男（おおの　まきお）＊

埼玉県出身。岩手大学教育学部教授。①日本語学・社会言語学（方言）。②「東日本方言における中舌母音の起源に関する一つの仮説―琉球方言の音変化に照らして―」『音声研究』一五（三）（日本音声学会、二〇一一）、「言葉と絆―地域の言語生活と方言で語ること―」『震災と民話―未来へ語り継ぐために―』（三弥井書店、二〇一三）。

半沢　康（はんざわ　やすし）

福島県出身。福島大学人間発達文化学類教授。①方言学。②『ガイドブック方言研究』（共著、ひつじ書房、二〇〇三）、『ガイドブック方言調査』（共著、ひつじ書房、二〇〇七）。

小林初夫（こばやし　はつお）

福島県出身。福島県双葉郡浪江町立幾世橋小学校・福島市立岡山小学校教諭（兼務）。①国語科教育・方言学。②『都道府県別全国方言辞典』（共著、三省堂、二〇〇九）、「避難生活（震災原発等）による小中学生の日常言語への影響―福島県南相馬市小高区における言語意識調査―」『人文』一二（共著、学習院大学人文科学研究所、二〇一四）。

杉本妙子（すぎもと　たえこ）

群馬県出身。茨城大学人文学部教授。①社会言語学（方言）・日本語習得研究。②「若者語の定着と意味・用法の変化―ナニゲニの場合―」『国語研究』七二（國學院大学国語研究会、二〇〇九）、「東日本大震災によるつくば市在住避難者の言語生活の変化と方言意識」『茨城大学人文学部紀要人文コミュニケーション学科論集』一五（茨城大学人文学部紀要、二〇一三）。

小林　隆（こばやし　たかし）＊
新潟県出身。東北大学大学院文学研究科教授。①方言学・日本語史。②『方言学的日本語史の方法』（ひつじ書房、二〇〇四）、『ものの言いかた西東』（共著、岩波書店、二〇一四）。

内間早俊（うちま　そうしゅん）
沖縄県出身。昭和薬科大学附属高等学校・中学校教諭。①方言学（音韻論）。②「南琉球方言のハ行p音」『言語科学論集』一七（東北大学大学院文学研究科言語科学専攻、二〇一三）、「北琉球方言における破裂音の喉頭化」『国語学研究』五三（東北大学大学院文学研究科「国語学研究」刊行会、二〇一四）。

坂喜美佳（さかき　みか）
富山県出身。東北大学大学院生。①方言学。②「「かえす（返す）」のサ行イ音便と「かやす」の成立」『国語学研究』五二（東北大学大学院文学研究科「国語学研究」刊行会、二〇一三）、「動詞の音便の地理的・歴史的分布」『国語学研究』五三（東北大学大学院文学研究科「国語学研究」刊行会、二〇一四）。

佐藤亜実（さとう　あみ）
福島県出身。東北大学大学院生。①方言学・社会言語学。②「福島県郡山市の若年層における接尾辞ラヘンの用法記述」『国語学研究』五三（東北大学大学院文学研究科「国語学研究」刊行会、二〇一四）、「多人数調査からみた接尾辞ラヘンの用法とその派生―福島県郡山市における多人数調査から―」『国語学研究』五四（東北大学大学院文学研究科「国語学研究」刊行会、二〇一五）。

小島聡子（こじま　さとこ）
東京都出身。岩手大学人文社会科学部准教授。①日本語学・日本語史。②「複合動詞後項「行く」の変遷」『国語と国文学』七六（四）（東京大学国語国文学会、一九九九）、「宮沢賢治の童話における「標準語」の語法―方言からの影響について―」『近代語研究』一六（近代語学会、二〇一二）。

竹田晃子（たけだ　こうこ）
岩手県出身。千葉大学文学部・フェリス女学院大学文学部非常勤講師。①方言学（日本語学）。②「被災地域の方言とコミュニケーション」『日本語学』三一（六）（明治書院、二〇一二）、「国語調査委員会による音韻口語法取調の現代的価値―岩手県の第二次取調稿本の分析を事例として―」、『日本語の研究』一一（二）（日本語学会、二〇一五）。

今村かほる（いまむら　かおる）
長野県出身。弘前学院大学文学部教授。①方言学・社会言語学。②「特集医療のことば　医療と方言」『日本語学』三〇（二）（明治書院、二〇一一）、「東日本大震災と方言―これから、あるいは今、できること―」『地域学』一〇（北方新社、二〇一二）

神田雅章（かんだ　まさあき）
東京都出身。株式会社クリーク・アンド・リバー社プロフェッショナル・エデュケーション・センター（PEC）。①映像・ゲーム・Web・広告分野のクリエイターマネジメント及びコンテンツを活用した地域活性化等。

武田　拓（たけだ　たく）
宮城県出身。仙台高等専門学校教授。①日本語学・方言学。②『調べてみよう暮らしのことば―北海道・東北の方言―』（共著、ゆまに書房、二〇〇四）、『とうほく方言の泉―ことばの玉手箱―（上）（中）（下）』（共著、河北新報出版センター、二〇一三）。

鈴木仁也（すずき　まさなり）
東京都出身。文化庁文化部国語課国語調査官。①日本語史・言語政策・国語教育。②「「定家様」成立の背景」『東京学芸大学附属高等学校研究紀要』三〇（東京学芸大学附属高等学校、一九九二）、「言葉遣い批判と「正しい」言葉遣い」『学びを創る国語教室1　総合化と基礎・基本』（三省堂、二〇〇一）。

方言を伝える

3・11東日本大震災被災地における取り組み

Transmitting Dialects to the Next Generation:
Endeavors to Revitalize and Maintain Local Dialects
in the 2011 Tōhoku Earthquake Tsunami Stricken Areas
Edited by Makio Oono and Takashi Kobayashi

発行　二〇一五年五月二〇日　初版一刷
定価　一七〇〇円＋税
編者　©大野眞男・小林隆
発行者　松本功
装丁者　渡部文
印刷製本所　三美印刷株式会社
発行所　株式会社ひつじ書房
〒一一二-〇〇一一
東京都文京区千石二-一-二　大和ビル二階
Tel. 03-5319-4916　Fax. 03-5319-4917
郵便振替 00120-8-142852
toiawase@hituzi.co.jp　http://www.hituzi.co.jp/

ISBN978-4-89476-757-7

造本には充分注意しておりますが、落丁・乱丁などがございましたら、小社かお買い上げ書店にておとりかえいたします。ご意見、ご感想など、小社までお寄せ下されば幸いです。